Wolfgang Winterhoff

Kanada: Bowron Lakes

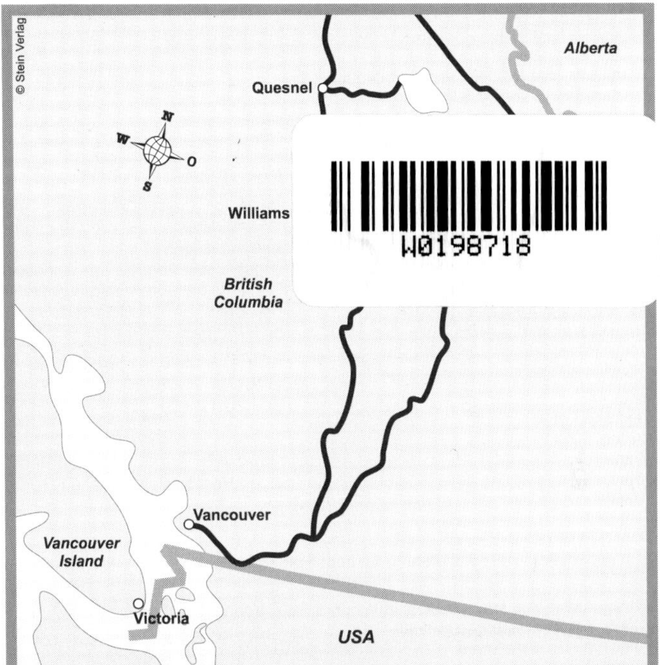

Band 37

OUTDOOR HANDBUCH

Kanada: Bowron Lakes

1. Auflage Frühjahr 1997

Dieses OutdoorHandbuch wurde konzipiert und redaktionell erstellt vom
Conrad Stein Verlag, Eichkoppelweg 51, 24119 Kronshagen,
☎ 0431/545-8888, FAX 0431/545-8800, e-mail: SteinVerlag@t-online.de,
internet: http://home.t-online.de/home/SteinVerlag,
für die OutdoorHandbuch Stein KG, Kronshagen.

Auslieferung für den Buchhandel: (D) Rotation, Berlin, und alle Barsortimente,
(CH) AVA-buch 2000, Affoltern, (A) Freytag & Berndt, Wien

Der Autor ist für Lesertips und Verbesserungen unter Angabe der Auflagen- und Seitennummer dankbar. Leser, deren Einsendung verwertet wird, werden in der nächsten Ausgabe genannt und erhalten als Dank ein Exemplar der neuen Auflage oder ein anderes Buch ihrer Wahl aus dem Programm des Verlags.

Text und Fotos	Wolfgang Winterhoff
Karten	Franny Petersen-Storck
Lektorat	Anette Reese
Druck	Norddruck Neumann KG, Kiel

Das Titelfoto zeigt Kanufahrer auf dem Spectacle Lake.

Von Wolfgang Winterhoff ist im Conrad Stein Verlag ebenfalls erschienen: OutdoorHandbuch *West Coast Trail.*

Dieses OutdoorHandbuch hat 115 Seiten mit 25 farbigen Abbildungen sowie 7 Karten. Es wurde auf chlorfrei gebleichtem Papier gedruckt.

ISBN 3-89392-137-0

002200

Inhalt

Symbole und Abkürzungen

Achtung
Angelmöglichkeit
Aussicht
B.C. Rail
Busverbindung
Buchtip
Campingplatz
Campsite
Emergency Phone
Flug
Info / Information and Registration Centre
Kanu
Lodges / Hotels
Parkplatz
Picnic Shelter
Pkw
Portage
Ranger Cabin
Sleeping Shelter
Tip
Trail
Verweis auf andere Kapitel

FS	Fish Station
G	Gruppen-Campsite
S	Campsite für zwei Zelte
M	Campsite für drei bis fünf Zelte
L	Campsite für sechs bis acht Zelte

Über den Autor

Wolfgang Winterhoff, Jahrgang 1953, reiste 1983 das erstemal nach Kanada und entdeckte dort seine Liebe für dieses großartige Land. Seitdem hält er sich ein- bis zweimal im Jahr dort auf, um hauptsächlich in British Columbia und im Yukon Territory Kanu- und Trekkingtouren zu unternehmen. In Deutschland organisiert er für Interessierte solche Touren, die er auch auf Wunsch begleitet.

Die Bowron-Lake-Kanutour, die er in diesem Buch detailliert beschreibt, zählt seit einigen Jahren zu seinen bevorzugten Unternehmungen. Nach mehreren Befahrungen ist er ein guter Kenner dieser Kanuroute, die übrigens zu einer der zehn schönsten Kanutrips der Welt zählt.

Vorwort

Eher durch Zufall gelangte ich im Jahre 1986 zum erstenmal in den Bowron Lake Provincial Park im Herzen von British Columbia/Kanada. Mit Freunden unternahm ich damals eine Rundreise durch die als schönste geltende Provinz Kanadas, und den Abstecher in den Park hatten wir nicht geplant.

Als wir den Bowron Lake erreichten, regnete es in Strömen. Wir trotzten jedoch dem Wetter, mieteten uns Kanus und paddelten zwei Tage über die ersten beiden an der Westseite gelegenen Seen der Bowron-Lake-Seenkette (☞ Die Westseite).

Diese zweitägige Kanutour auf den Bowron Lakes hinterließ einen starken Eindruck bei mir. Die herrliche Landschaft mit ihrer vielseitigen Flora und Fauna war das Kanada, wie ich es mir immer vorgestellt hatte.

Und als einzige Möglichkeit, dies zu erleben, bleibt das Kanu. Keine lauten Motoren von Wohnmobilen und Reisebussen, keine Motorboote (mit Ausnahme auf dem Bowron Lake, wo Motorboote erlaubt sind), die die Stille dieser Landschaft störend durchschneiden. Nein, nur das leise rhythmische Plätschern, das beim Eintauchen des Paddels ins Wasser entsteht, ist neben den weit über die Seen hallenden Rufen der Eistaucher das einzige immer wiederkehrende Geräusch, das einen umgibt, während man im Kanu sitzt und die Landschaft erlebt.

Nach diesem Kurztrip auf den Bowron Lakes stand mein Entschluß fest, sobald wie möglich die ganze Tour über die Bowron-Lake-Seenkette zu unternehmen, was ich im Juni 1992 mit zwei Freunden realisieren konnte.

Acht Tage waren wir damals unterwegs. Ohne große Kanuerfahrung - wir hatten lediglich mal einen Sonntag in Deutschland auf der Lahn bei Weilburg "trainiert".

Es waren acht Tage voller schönster Erlebnisse. Die romantischen Abende am Lagerfeuer, die tägliche Paddelstrecke - anfangs noch ungewohnt und mit Muskelkater - durch eine abwechslungsreiche, grandiose Landschaft mit unendlichen Wäldern und schneebedeckten Bergen und die artenreiche Tierwelt - wir begegneten Bären, Elchen und Weißkopfseeadlern, um nur einige zu nennen - machen das Wildnisabenteuer Bowron Lakes für uns unvergeßlich.

Seit dieser Tour habe ich die Bowron-Lake-Seenkette noch dreimal befahren, und ich bin sicher, es werden noch viele weitere Male folgen, denn die Wildnis des Bowron Lake Provincial Park läßt mich nicht mehr los.

Die Kanutour auf den Bowron Lakes ist keine Extremtour nur für Wildnisexperten und eingefleischte Abenteurer. Ich möchte diese Tour auch den Wildniseinsteigern empfehlen, die Lust auf eine gehörige Portion Natur pur haben und diese Natur gern vom Kanu aus erleben wollen.

Bei uns in Europa ist das Kanufahren in den letzten Jahren immer populärer geworden, aber dadurch sind die wenigen wirklich interessanten Kanureviere leider zwangsläufig überbevölkert. Von Einsamkeit und stiller Natur kann da keine Rede mehr sein.

Ich begegnete auf meinen Touren über die Bowron Lakes Menschen, die aber gerade diese Stille und Einsamkeit suchten, die der lauten Zivilisation eine Zeitlang entfliehen wollten. Es waren Menschen aller Altersklassen. Die Älteste war Oma Olivia mit 80 Jahren aus dem Staate Washington in den USA. Sie befuhr die Bowron Lakes in ihrem hohen Alter bereits zum dritten Male. Auf meine Frage nach dem Warum antwortete die nette alte Dame schlicht: "It's just beautyful to paddle the Bowron Lakes!"

Im Jahre 1995 begleiteten meine Frau Monika und ich eine vierköpfige Gruppe von berufsgestreßten Geschäftsleuten auf der Bowron-Lake-Tour. Keiner von ihnen hatte je ähnliches unternommen. Alle waren sich am Ende der Tour einig, nie eine erholsamere und erlebnisreichere Reise unternommen zu haben.

Die Bowron Lakes können von Anfang Juni bis Ende Oktober befahren werden. Die Chance, während der Tour Tiere zu sehen, ist im Frühjahr am größten, allerdings ist das Wetter in dieser Jahreszeit sehr unbeständig.

Die ersten Nachtfröste färben im September die Blätter der Bäume und der Indian Summer hält Einzug im Bowron Lake Provincial Park.

Ich war einmal im September auf den Bowron Lakes unterwegs, und ich muß sagen, daß ich noch nie zuvor eine Landschaft in solch herrlicher Farbenpracht gesehen habe.

Ein Park Ranger gab mir vor einigen Jahren den Tip, daß Anfang September das Wetter am beständigsten sei. Während der Tour im September 1995 behielt er recht. Tagsüber lachte die Sonne ohne Unterbrechung vom Himmel. Die Nächte waren allerdings schon empfindlich kalt.

Ein Jahr darauf zum gleichen Zeitpunkt im September sah die Sache allerdings anders aus. Schlechtes Wetter und vor allen Dingen heftiger Wind machten meinen Begleitern und mir an einigen Tagen sehr zu schaffen.

Das Erlebnis "Bowron Lakes" beginnt eigentlich schon immer dann, wenn der Bowron Lake Provincial Park erreicht ist. Da wird dann das Kanu, wenn man nicht mit einem eigenen Boot anreist, von einem der vor Ort ansässigen Outfitter angemietet, die noch fehlende Ausrüstung ergänzt - es wird immer mal etwas vergessen -, und am Abend sitzt man dann am Lagerfeuer auf einem Campsite oder im gemütlichen Restaurant der Becker's Lodge bei einem Glas Bier und hört gespannt den Erzählungen der gerade von der Tour zurückgekommenen Kanuten zu.

So manch geschilderte Erlebnisse lassen in diesem Moment die Vorfreude auf die Kanutour über die Bowron Lakes noch ansteigen.

Allerdings sollte man auch nicht alles glauben, was da zu später Stunde in gemütlicher Runde erzählt wird. Besonders wenn es um Bärenbegegnungen geht. Da werden dann richtige "Bear Stories" aufgetischt. Viele davon sind dramatisch übertrieben. Lassen Sie sich nicht ängstigen.

Ist dann am darauffolgenden Tag die Anmeldungsprozedur bei den Parkbehörden erledigt, geht es los.

Nach Bewältigung der ersten, 2,4 km langen Portage paddelt man anschließend über den Kibbee Lake, den ersten See der Bowron-Lake-Kanuroute.

Dies ist der Moment, wo einen das herrliche Gefühl von Freiheit erreicht. Es ist großartig, in dieser Wildnis Kanadas mit dem Kanu unterwegs zu sein.

Lassen Sie sich auf den folgenden Seiten anstecken vom "Bowron Lake Fieber", das mich, wie viele andere Kanuten auch, gepackt hat.

Wolfgang Winterhoff

Danke

Mein besonderer Dank gilt Henry Müller, der mich auf meiner ersten Bowron-Lake-Tour begleitete, für seine Unterstützung im Bereich Ornithologie, und Susanne Weisner, die mir im Bereich Botanik mit ihrem Rat zur Seite stand.

Ebenso möchte ich mich bei meiner Ehefrau Monika und meiner Tochter Annalena für ihre Toleranz und Geduld bedanken.

Vielen Dank auch Juliane Kotoucz, Susanne Weisner, Martin Zorn, Dirk Klawatzki, Hans-Willi Robens und Kurt Brauneis, die mich im Herbst 1996 auf den Bowron Lakes begleiteten. Trotz teilweise extremer Wetterbedingungen war die Tour dank dieses guten Teams ein Erfolg und trug letztlich zur Vollendung dieses Buches bei.

Einleitung

Bowron Lake Provincial Park

Der Bowron Lake Provincial Park liegt im Herzen von British Columbia in den Cariboo Mountains und umfaßt 121.600 Hektar. Benannt nach John Bowron, dem ersten Gold-Commissioner von Barkerville, war dieses Gebiet ab 1925 zunächst ein geschütztes Tierreservat, bevor es 1961 zu einem "Class A"-Provincial Park ernannt wurde, um den Wildnischarakter dieser einzigartigen, natürlichen Seenkette zu erhalten.

Die Bowron-Lake-Seenkette besteht aus insgesamt elf Seen, die durch natürliche Wasserwege und sieben kurze Portagen (☞ Reise-Infos von A bis Z, Portagen) miteinander verbunden sind. Diese elf Seen heißen in der Reihenfolge der Anordnung: Kibbee Lake, Indianpoint Lake, Isaac Lake, McLeary Lake, Lanezi Lake, Sandy Lake (Abstecher Unna Lake), Babcock Lake, Skoi Lake, Spectacle Lake, Swan Lake und Bowron Lake.

Die Provincial-Park-Grenze verläuft rund um die Seenkette etwa 1 bis 4 km von den äußeren Ufern der Seen entfernt.

Diese Seenkette im Bowron Lake Provincial Park zählt zu einer der ältesten und populärsten Kanurouten von Nordamerika. Auf einer Strecke von 116 km führt diese Route durch eine artenreiche, spektakuläre Wildnis mit schneebedeckten Bergen, unendlichen Wäldern, glasklaren Seen und Flüssen.

Dank der Form einer geschlossenen Kette bieten die Bowron Lakes den großen Vorteil, daß man sich nach Beendigung der Tour wieder am Ausgangsort befindet.

Man muß kein Kanuexperte sein, um diese Wildnis erleben zu können. Nein, diese Tour ist eher als Kanutour für jedermann zu bezeichnen. Ich bin mehrere Male mit absoluten Anfängern auf den Bowron Lakes gepaddelt, die diese sechs- bis achttägige Tour ohne Probleme "meisterten". Unterwegs bin ich Familien mit Kindern begegnet, die viel Spaß auf der verkürzten Tour über die Westseite der Bowron Lakes hatten. Eine durchschnittliche psychische und physische Kondition, etwas Wildnis- und Kanuerfahrung und vor allen Dingen Lust auf Natur sollten genügen, um das Kanuabenteuer Bowron Lakes erleben zu können. Absoluten Neulingen und sogenannten Wildniseinsteigern möchte ich aber empfehlen, sich einer geführten Tour anzuschließen. Ortsansässige Outfitter (☞ Reise-Infos von A bis Z, Outfitter) bieten solche Touren an. Eines sollte allerdings nicht vergessen werden: Gute Ausrüstung ist ein Muß. Es wird in den fünf bis acht Tagen Kanufahrt mit fast 100%iger Sicherheit nicht immer die Sonne scheinen. Besonders im Frühjahr ist in dieser Region häufig mit Regen zu rechnen, und die Nächte im Bowron Lake Provincial Park können das ganze Jahr über empfindlich kühl sein.

Flora und Fauna

Pflanzen

Der dichte Urwald im Bowron Lake Provincial Park besteht hauptsächlich aus *White Spruse (Picea glauca),* einer Fichtenart, und aus *Alpine Fir (Abies lasiocarpa*), einer Tannenart.

Auf der Westseite des Parks wachsen noch *Lodgepole Pine (Pinus contorta*), eine Kiefer, und am Isaac und Lanezi Lake findet man *Western Hemlock (Tsuga heterophylla),* auch eine Tannenart, sowie *Red Cedar* (*Thuja plicata*), die Rotzeder.

Entlang der Uferstreifen an den Seen gibt es verschiedene *Poplar (Populus balsamifera* und *Populus trichocarpa),* Pappelarten, und *White Birch (Betula papyrifera*), eine Birke, deren Blätter sich im Herbst in leuchtenden Farben verfärben.

Tiere

Der Bowron Lake Provincial Park ist sehr artenreich. Wer Tiere und Vögel beobachten und fotografieren möchte, kommt hier vor allem im Frühjahr voll auf seine Kosten.

Folgende Vogelarten konnten meine Begleiter und ich während unserer Touren im Bowron Lake Provincial Park beobachten:

Vögel

Bald Eagle (Haliaeetus leucocephalus), Weißkopfseeadler
Osprey (Pandion haliaetus), Fischadler
Spotted Sandpiper (Actitis macularia)

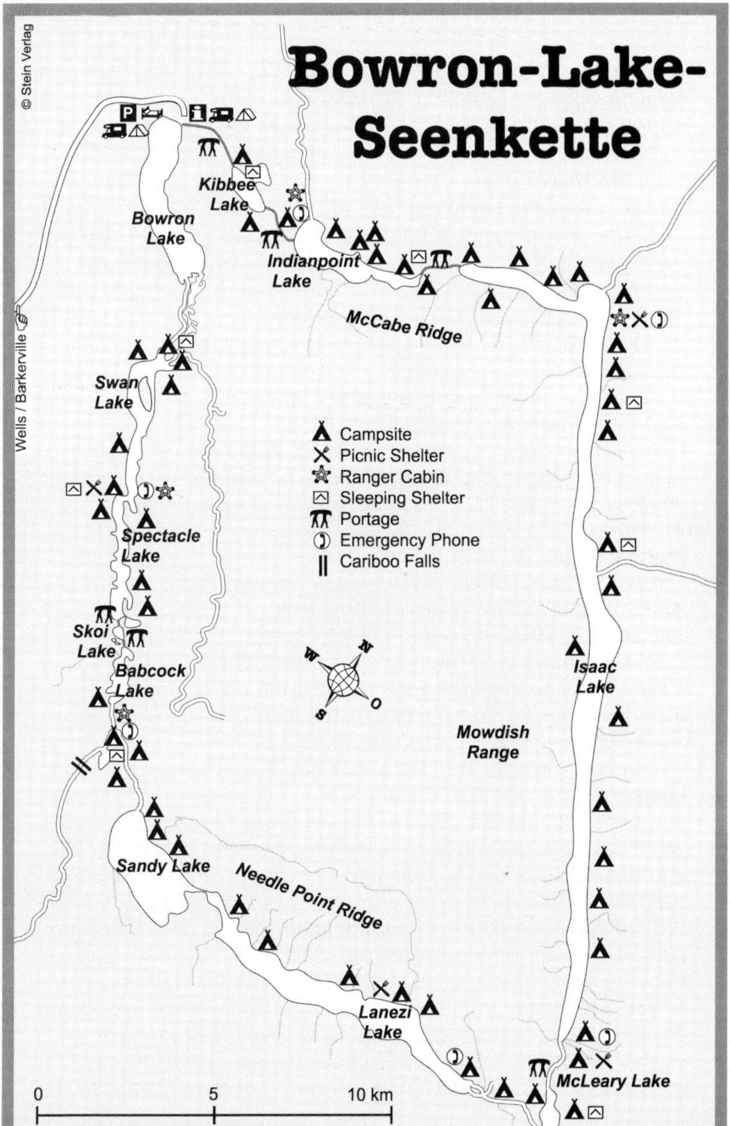

© Stein Verlag
Bowron-Lake-Seenkette
Wells / Barkerville
Bowron Lake
Kibbee Lake
Indianpoint Lake
McCabe Ridge
Swan Lake
Spectacle Lake
Skoi Lake
Babcock Lake
Sandy Lake
Needle Point Ridge
Lanezi Lake
McLeary Lake
Isaac Lake
Mowdish Range
Campsite
Picnic Shelter
Ranger Cabin
Sleeping Shelter
Portage
Emergency Phone
Cariboo Falls
N
W
S
O
0
5
10 km

Song Sparrow (Melospiza melodia), Sperling
White-throated Sparrow (Zonotrichia albicollis), Sperling
White-crowned Sparrow (*Zonotrichia leucophrys)*, Sperling
Cassin's Finch (*Carpodacus cassinii)*, Fink
Northern Shrike (Lanius excubiter)
Yellow-rumped Warbler (Dendroica coronata)
Red-winged Blackbird (Agelaius phoeniceus)
Yellow-headed Blackbird (*Xanthocephalus xanthocephalus)*
Common "Red-shafted" Flicker (*Colaptes auratus)*, Spechtart
Stellers Jay (Cyanocitta stelleri), Häher
American Robin (Turdus migratorius), Drosselart
Gray Jay (Perisoreus canadensis), Häher
Dark-eyed Junco (*Junco hyemalis)*
Red-eyed Vireo (Vireo olivaceus)
Blue Grouse (Dendragapus obscurus), Waldhuhn
Belted Kingfisher (Megaceryle alcyon), der große Verwandte unseres Eisvogels

Wasservögel
Canada Goose (Branta canadensis), Kanada-Gans
Redhead Duck (*Aythya americana)*, Ente
Surf Scoter (*Melanitta perspicillata)*, Ente
Common Merganser (Mergus merganser), Ente
American Wigeon (Anas americana), Ente
Common Loon (Gavia immer), Eistaucher

Häufig kann man vom Kanu aus den *Bald Eagle* - den Weißkopfseeadler - und den *Osprey* - den Fischadler - beim Beutemachen beobachten. Es ist ein eindrucksvolles Schauspiel, wenn sie über dem Wasser kreisen, plötzlich nach unten stürzen, ins Wasser eintauchen und mit einem Fisch in den Fängen sich wieder in die Lüfte erheben.

Den *Common Loon* - den Eistaucher - trifft man auf der ganzen Seenkette immer wieder an. Sein "Lachen" und der weit über die Seen hallende Ruf gehören zur Wildnis Kanadas.

Die berühmten Kanada-Gänse - *Canada Geese* - sind wie der Eistaucher überall auf den Bowron Lakes anzutreffen.

Der *Gray Jay* - ein Verwandter unseres Eichelhähers - tritt immer dann in Scharen auf, wenn man auf dem Campsite die

Verpflegungsbox öffnet. Spätestens dann, wenn morgens die Müslitüte raschelt, sitzen die lustig aussehenden gefiederten Gesellen über einem im Geäst und warten, bis für sie etwas abfällt. Diese Vögel sind sehr zutraulich und kommen sogar auf die Hand, wenn man ihnen darauf etwas Müsli oder Brot anbietet.

Kaufen Sie sich vor Beginn der Kanutour ein Buch mit den nordamerikanischen Vogelarten und versuchen Sie während der Tour, die Vögel, die Sie sehen, anhand des Buches zu bestimmen. Das macht sehr viel Spaß und bringt ein wenig Abwechslung in den Paddelalltag.

Säugetiere

Folgende typische Säugetiere kommen im Bowron Lake Provincial Park vor:
Black Bear (Ursus americanus)
Grizzly Bear (Ursus arctos horribilis)
Moose (Alces alces), Elch
Mountain Goat (Oreamnos americanus), Schneeziege
River Otter (Lutra canadensis), Fischotter
Beaver (Castor canadensis), Biber
Muskrat (Ondatra zibethicus), Bisamratte
Red Squirrel (Tamiasciurus hudsonicus), Eichhörnchen
Ground Squirrel (Spermophilus columbianus), Erdhörnchen
Chipmunk (Tamias minimus), Streifenhörnchen
Mink (Mustela vison), Nerz
Porcupine (Erethizon dorsatum), Baumstachelschwein
Caribou (Rangifer tarandus), Nordamerikanisches Rentier
Wolf (Canis lipus)
Coyote (Canis latrans), Kojote
Wolverine (Gulo gulo), Vielfraß
Canada Lynx (Lynx rufa), Rotluchs
Cougar (Felis concolor), Puma
Red Fox (Vulpes vulpes), Rotfuchs
White-tailed Mule-deer (Odocoileus hemionus), Maultierhirsch oder Weißwedelhirsch

Elche, die in Kanada übrigens *Moose* heißen, sieht man sehr häufig im Bowron Lake Provincial Park. Besonders im

Frühjahr, wenn sie mit ihren Kälbern im seichten Wasser der Marschlandschaften auf der Westseite des Parks Wasserpflanzen äsen, kann man sie vom Kanu aus gut beobachten und fotografieren.

Mit etwas Glück und einem Fernglas sind die scheuen **Bergziegen**, die *Mountain Goats*, in den höheren Regionen der Berge auszumachen.

Während der **Fischotter** überall auf den Bowron Lakes anzutreffen ist, sieht man den fleißigen **Biber** meistens am Abend nur auf der Westseite des Bowron Lake Provincial Park.

Am Bowron River kann man den Biber dabei beobachten, wie er seine gebauten Dämme und Burgen ausbessert.

Eine Biberburg ist so gebaut, daß der Eingang sich unterhalb der Wasseroberfläche, das Burgeninnere jedoch über der Wasseroberfläche befindet. Besteht nun die Gefahr, daß bei Hochwasser das Burgeninnere zu überfluten droht, so öffnet der Biber den von ihm gebauten Damm, mit dem er das Wasser angestaut hat, damit Wasser abfließen kann. Besteht durch lange Trockenperioden die Gefahr, daß der Burgeneingang durch den niedrigen Wasserspiegel oberhalb der Wasserlinie liegt und so die Burg nicht mehr den optimalen Schutz für die Biber bietet, dichtet der Biber den Damm weiter ab, damit weniger Wasser aus dem angestauten Bach oder Fluß abfließen kann.

Der **Bisam** - *Muskrat* - wird häufig mit dem Biber verwechselt, obwohl er kleiner ist. Im Bowron River, am Ende der Tour, ist der Bisam oft zu sehen. Er hat seine Baue meist in Uferböschungen gegraben.

Reise-Infos von A bis Z

An-/Abreise

... nach Kanada

Von Deutschland gelangt man mit dem Flugzeug von Frankfurt aus nach Vancouver und Calgary. Es gibt täglich Direktverbindungen.

Zur Einreise nach Kanada benötigt man als deutscher Staatsbürger einen gültigen Reisepaß.

KANADAS WESTEN von Conrad Stein. Conrad Stein Verlag, Kronshagen 1995, ISBN 3892-216-4, DM 36,80.

Vancouver

Die 1,5 Millionen Einwohner zählende Metropole an der Pazifikküste Kanadas zählt zu den schönsten Städten der Welt.

Ich schließe mich dieser Meinung uneingeschränkt an. Die Stadt ist auf jeden Fall einen Aufenthalt wert, und auch ein kurzer Abstecher nach Vancouver Island lohnt sich. Er ist nicht mit sehr viel Zeitaufwand verbunden.

Vancouver hat einen sehr hohen Freizeitwert; so sind beispielsweise vom Stadtkern aus in etwa einer halben Stunde sehr schöne Strände am Pazifik oder alpine Regionen in den **Coast Mountains** erreichbar.

Die Stadt bietet kulturell sehr viel, und die internationale Gastronomie ist erstklassig.

Nachfolgend einige Übernachtungstips in Vancouver, die ich selbst bei meinen Besuchen nutze und die den Geldbeutel nicht allzusehr strapazieren.

"The Abercorn Inn", etwa 10 Miunten vom Flughafen Vancouver und 30 Minuten vom Stadtzentrum entfernt, mit eigenem Busservice von und zum Flughafen.

♦ 9260 Bridgeport Road, Richmond, B.C. V6X 1S1, Kanada, ☎ 604/2707576, FAX 604/2700001.

"Poole's Bed & Breakfast", etwa 20 Minuten vom Stadtzentrum entfernt. Diese Pension liegt sehr schön im Stadtteil

Nord-Vancouver und ist auch aufgrund ihrer günstigen Preise empfehlenswert.

♦ 421 West St. James Rd., North Vancouver, B.C. V7N 2P6, Kanada, ☎ 604/9874594, FAX 604/9874283.

... zum Bowron Lake Provincial Park

Von Vancouver über Quesnel

Nach Ankunft in Vancouver besteht noch am gleichen Tag die Möglichkeit - außer am Wochenende - einer Weiterreise über Quesnel zum Bowron Lake Provincial Park.

✈ **Quesnel** erreicht man von Vancouver aus nach etwa eineinhalbstündigem Flug. Vom Flughafen in Quesnel aus bietet die Becker's Lodge (☞ Unterkunft, Becker's Lodge) einen Transfer zum Bowron Lake an, allerdings nicht mehr am gleichen Tag, wenn man mit dem Spätflug in Quesnel eintrifft.

In diesem Fall ist eine Übernachtung in Quesnel notwendig, und der Transfer sollte für den nächsten Tag arrangiert werden.

ℹ Becker's Lodge Reservations Office, 342 Kinchant Street, Quesnel, ☎ 250/9928864, FAX 250/9928893 (in Deutschland: ☎ und FAX 06104/63407). Hier können Sie den aktuellen Becker's Lodge Transfer Schedule erfragen.

🛏 Cascade Inn, 383 St. Laurent Ave., Quesnel, B.C. V2J 2E1, ☎ 250/9925575, FAX 250/9922254 (unweit des Becker's Lodge Res. Office).

♦ Tower Inn, 500 Reid Street, Quesnel, B.C. V2J 2M9, ☎ 250/9922201, FAX 250/9925201.

🚗 Wer zunächst nach Ankunft in Vancouver dort übernachten will, kann anschließend auch mit einem Leihfahrzeug selbst zum Bowron Lake Provincial Park fahren. Dabei ist allerdings zu bedenken, daß das Fahrzeug für die Zeit während der Kanutour auf dem Parkplatz herumsteht und trotzdem bezahlt werden muß.

Die Entfernung zwischen Vancouver und dem Bowron Lake Provincial Park beträgt etwa 780 km.

Der Weg führt zunächst von Vancouver aus auf dem Hwy 97 über Hope, Williams Lake nach **Quesnel**. Dort besteht die Möglichkeit, den Proviant für die bevorstehende Kanutour einzukaufen.

Über den Hwy 26 ist es dann von Quesnel nur noch eine kurze Etappe von 120 km bis zum Bowron Lake Provincial Park.

Kurz vor dem Ziel liegt das kleine Örtchen **Wells**. Wer nicht in der Becker's Lodge oder auf dem Provincial Campground (☞ Unterkunft, Camping) übernachten will, dem bieten sich in Wells einige Übernachtungsmöglichkeiten an:

- Bed & Breakfast, Jola Jarecki, Box 112, Wells, B.C. VOK 2RO, Kanada, ☏ 250/9943406, FAX 250/9943294.
- ♦ Wells Hotel, ☏ 250/9943427.
- ♦ Hub's Motel, ☏ 250/9943313.

Abstecher: Fährt man von Wells aus weiter auf dem Hwy 26 in östlicher Richtung, so erreicht man nach etwa 4 km die alte Goldgräberstadt **Barkerville**.

Barkerville war um 1860 die größte Stadt nördlich von San Francisco. Sie wurde benannt nach Billy Barker, einem Seemann aus Cornwall, der wie viele andere dem Ruf des Goldes gefolgt war.

Billy wurde von seinen Goldgräberkameraden verspottet, weil er nach deren Meinung an einer aussichtslosen Stelle nach Gold grub.

Aber er hatte Glück. Am 22. August 1862 stieß er in einem Schacht von mehr als 15 m Tiefe auf Gold im Werte von mehr als einer halben Million Dollar, die er mit vollen Händen ausgab.

Billy Barker endete wie so viele aus dieser Zeit. Er starb 75jährig mittellos in einem Armenhaus.

Heute ist Barkerville ein lebendes Museum und auf jeden Fall einen Besuch wert.

Bürger aus dem nahen Örtchen Wells lassen in den Sommermonaten in alten Trachten die Goldgräberzeit wieder lebendig werden.

☏ 250/9943332.

Eine andere, sehr reizvolle und bequeme Möglichkeit, um zum Bowron Lake Provincial Park zu gelangen, ist die Anreise mit dem Zug. *B.C. Rail* verkehrt in den Sommermonaten täglich von North Vancouver Station und Quesnel.

Information und Reservierung, ☏ 604/6313500 oder 604/6313501.

Der Zug folgt dem historischen *Gold-Rush-Trail* über Whistler - Lillooet - Clinton - 100 Mile House - Williams Lake durch eine spektakuläre Landschaft und erreicht Quesnel nach etwa elf Stunden Fahrzeit. Seit 1996 gibt es nur noch eine Klasse an Bord des Zuges. Es ist die sogenannte "Cariboo Class". Sie bietet spezielle komfortable Sitze und einen Essen- und Getränkeservice, der im Fahrpreis inbegriffen ist. Eine Reservierung ist unbedingt notwendig. Die Abfahrtszeiten von North Vancouver sind in der Regel frühmorgens.

In Quesnel besteht dann wieder die Möglichkeit eines Transfers durch die Becker's Lodge zum Bowron Lake Provincial Park.

Zusätzlich gibt es noch eine Verbindung zwischen Vancouver und Quesnel mit *Greyhound Bus Lines*. Der Bus verkehrt täglich auf beiden Strecken; die Fahrzeit beträgt etwa elf Stunden.

Information und Reservierung, ☏ 604/6623222.

Von Calgary über Quesnel

Mit dem Mietfahrzeug fährt man zunächst auf dem Hwy 1A über Banff bis Lake Louise, dann weiter auf dem Hwy 93 bis Jasper. Von da aus führt der Weg über den landschaftlich sehr schönen Hwy 16, der auch Yellowhead Highway genannt wird, bis Prince George.

Von dort aus geht es in Richtung Süden auf dem Hwy 97 bis Quesnel und dann über den Hwy 26 bis zum Bowron Lake Provincial Park.

Die Entfernung zwischen Calgary und dem Bowron Lake Provincial Park beträgt etwa 1.050 km.

Wie auch von Vancouver aus, gibt es von Calgary eine Busverbindung mit *Greyhound Bus Lines* nach Quesnel. Der

Bus verkehrt auch hier auf beiden Strecken täglich. Die Fahrzeit beträgt ca. 14 Stunden.

Greyhound Bus Lines, 877 16th Street S.W., Calgary, Alberta T3C 3V8, Kanada, ☏ 403/2659111.

Eine Flug- bzw. Zugverbindung von Calgary nach Quesnel gibt es nicht.

Angeln

Wer seinen Speiseplan während der Kanutour auf den Bowron Lakes mit selbstgefangenem Fisch als kulinarische Abwechslung anreichern will, hat gute Aussichten auf Erfolg, sollte sich aber nicht unbedingt auf sein Anglerglück verlassen.

Je nach Jahreszeit bieten die Bowron Lakes gute bis sehr gute Angelmöglichkeiten. Folgende Fischarten kommen in den Seen und Flußläufen vor: Dolly Varden, Kokanee, Rainbow Trout und Lake Trout. Alle diese Arten gehören zu den Saiblingen.

Als Köder sind nach meinen eigenen Erfahrungen gold- oder silberfarbene Blinker mit roten Streifen fängig.

Den Fliegenfischern geben die Parkbehörden Empfehlungen für folgende Kunstfliegen: "Tom Thumb", "Carey Special", "Black Leech", "Dragon Fly" und alle Nymphen-Imitationen.

Eine Angellizenz ist Voraussetzung. Diese ist in Angelsportgeschäften oder bei den Outfittern für wenig Geld zu erwerben.

Die Parkbehörden im Bowron Lake Provincial Park stellen **keine** Angellizenzen aus.

Es darf nur mit "Single Barbless Hooks", also mit **einfachen** Haken **ohne** Widerhaken, gefischt werden.

Erlaubt ist pro Person und Tag ein Fisch über 30 cm, aber unter 50 cm Länge. Alles andere muß wieder zurückgesetzt werden.

Der Monat Juni zählt als guter Monat zum Angeln, während man in den wärmeren Monaten Juli und August etwas mehr

Glück braucht. Besser stehen die Chancen dann wieder im September, wenn es kühler wird.

Auf einigen Campsites (☞ Unterkunft, Camping) findet man sogennannte "*Fish Stations*". In der Streckenkarte sind diese "Fish Stations" mit "FS" gekennzeichnet. Es handelt sich dabei um kleine Holzkästen, die mit Papier und Bleistift ausgestattet sind. Die Parkbehörden bitten alle Angler, hier ihren Fang zu dokumentieren, um so einen Überblick über die jährlich gefangenen Mengen zu erhalten. Alle Angler sollten dieser Bitte folgen.

🕮 ANGELN - *Basiswissen für Draußen* (Band 21) von Harald Barth. Conrad Stein Verlag, Kronshagen, ISBN 3-89392-121-4, DM 14,80.

Ausrüstung

Eine gute und sinnvolle Ausrüstung ist wichtig für eine Kanutour. Sie ist die Voraussetzung dafür, daß die Tour nicht zu einem Reinfall wird. Eine schlecht gewählte Ausrüstung, insbesondere was die Kleidung angeht, kann im extremen Fall sogar eine Gefahr für Leib und Leben bedeuten.

So sind z.B. Allwetterkleidung wie Regenzeug oder Poncho, warme Unterwäsche und Pullover auch in warmen Sommermonaten zwingend notwendig. Im Bowron Lake Provincial Park muß mit plötzlichen Wetterumschwüngen gerechnet werden. Bei langanhaltenden Regenfällen besteht bei ungeeigneter oder unzureichender Kleidung die Gefahr von Hypothermie (Unterkühlung), ☞ Gesundheit.

Ersatzkleidung, Ausrüstung und Verpflegung gehören unbedingt in wasserdichte Säcke oder in spezielle Transporttonnen. Es kann einmal passieren, daß man mit dem Kanu kentert. Eine nasse Ausrüstung und Verpflegung bedeutet das Ende der Tour und unter Umständen eine Notlage.

Die nachfolgend aufgeführte Ausrüstungsliste soll als Leitfaden dienen. Sie beruht auf eigenen Erfahrungen, die ich während mehrerer Kanutouren auf den Bowron Lakes in den letzten Jahren gesammelt habe.

Grundsätzlich gilt, daß eine Garnitur Unterwäsche, ein Paar Socken, ein Paar leichte Sportschuhe, ein Pullover, ein Hemd und eine Hose als Ersatzkleidung wasserdicht verpackt ins Gepäck gehören. So hat man im Falle einer Kenterung trockene Kleidung zur Verfügung.

Alle Gepäckstücke im Kanu müssen allerdings fest verzurrt sein, um zu vermeiden, daß bei einer Kenterung das eine oder andere Teil davonschwimmt oder versinkt; denn in einem solchen Fall nützt auch die Ersatzkleidung nichts.

Ein sogenannter **Survival-Kit** mit wasserdicht verpacktem Inhalt gehört ebenfalls zur Ausrüstung und ist während der Tour stets am Körper zu tragen.

In dem Survival-Kit sollten sich befinden: eine Notration, bestehend aus Schokolade, Traubenzucker, Müsliriegel, Brühwürfel, Salz und Zucker in kleinen Portionen, Kakao-, Tee- oder Kaffeepulver, Streichhölzer oder Feuerzeug, Verbandszeug, Heftpflaster, Desinfektionsmittel, Schmerztabletten, eine Rettungsdecke, Wasserentkeimungstabletten, Angelschnur mit Haken, eine kleine Kerze und ein paar Sicherheitsnadeln.

Ich habe meinen Survival-Kit immer selbst zusammengestellt. Eine kleine Gürteltasche eignet sich dazu ideal. Es gibt Survival-Kits aber auch komplett zusammengestellt zu kaufen:

Survival-Wilderness Equipment, Volker Lapp, An der Weihertanne 28, 63607 Wächtersbach, ☎ 06053/5250, FAX 06053/1662.

Hier meine empfohlene Ausrüstungsliste im einzelnen:

Campingausrüstung

- ☐ Zelt für jeweils 2 bis 3 Personen
- ☐ 1 Tarp mit Abspannleine (Ein Tarp ist eine große Plane, die bei Regen über den Lagerplatz gespannt werden kann.)
- ☐ Schlafsack aus Kunstfaser (Kunstfaser verliert im Gegensatz zur Naturdaune im feuchten Zustand nicht die Isolierfähigkeit und trocknet schneller.)
- ☐ Liegematte (Empfehlenswert sind die Matten von Jack Wolfskin, die es in drei verschiedenen Größen und Stärken gibt.)
- ☐ Benzinkocher mit 4 Liter Benzin oder Coleman Fuel (Sollten mehrere Personen an der Kanutour teilnehmen, so ist ein zweiflammiger Kocher empfehlenswert.)
- ☐ Kochgeschirr (evtl. ein sogenannter "Hordentopf") / Bratpfanne / Kaffee- bzw. Teekessel
- ☐ Eßgeschirr / Eßbesteck

- ☐ Trinkbecher
- ☐ Wasserflasche
- ☐ Wassersack
- ☐ Wasserfilter / Certisil-Wasserentkeimungstabletten
- ☐ Sturmstreichhölzer
- ☐ 1 Beil

Kleidung

- ☐ 1 Garnitur Funktionsunterwäsche (z.B. Jack Wolfskin)
- ☐ 2 Garnituren normale Unterwäsche
- ☐ 2 Paar Sportsocken
- ☐ 1 Paar Trekkingsocken
- ☐ 2 Fleece-Hemden (Polartec 100)
- ☐ 2 Trekkinghosen (65% Polyester, 35% Baumwolle; dieses Material ist leicht und trocknet schnell.)
- ☐ 1 Fleece-Pullover (Polartec 200)
- ☐ 1 kurzärmlige Trekkingweste mit vielen Taschen (z.B. "Survivor" von Jack Wolfskin)
- ☐ Regenzeug oder Poncho (Ich bevorzuge den Poncho, weil damit noch andere Dinge wie z.B. die Fotoausrüstung oder das Fernglas abgedeckt werden können, während man im Kanu sitzt.)
- ☐ 1 Paar Sportschuhe
- ☐ 1 Paar Sportsandalen
- ☐ Evtl. 1 Paar Neopren-Paddelschuhe (Damit kann man auch ins Wasser.)
- ☐ 1 Hut oder Kappe

Noch ein paar Worte zum Fleece-Material: Fleece ist leicht, wärmt selbst im feuchten Zustand und trocknet sehr schnell. Ich habe mit diesem Material nur die besten Erfahrungen gemacht.

Allerdings gibt es auch einen Nachteil: Vorsicht mit Fleece-Materialien am Lagerfeuer. Ein kleiner Funke genügt und schon gibt es ein kleines Loch oder einen Brandfleck bei diesem Material.

Accessoires

- ☐ Wasserdichte Packsäcke mit Tragriemen (Jack Wolfskin, Ortlieb) oder Transporttonnen
- ☐ Wasserdichte Rucksäcke ("Hermetic Technology" von Jack Wolfskin. Diese Rucksäcke bieten einen hohen Tragekomfort und optimalen Schutz.)
- ☐ 15 m Seil
- ☐ Multifunktionswerkzeug (z.B. Leatherman) / Messer
- ☐ Taschenlampe oder Stirnlampe
- ☐ Benzin- oder Gaslaterne (Empfehlenswert, wenn mehrere Personen an der Kanutour teilnehmen.)
- ☐ Foto- oder Filmausrüstung

- ☐ Angelzeug (Die Bowron Lakes bieten je nach Jahreszeit hervorragende Angelmöglichkeiten.)
- ☐ Fernglas
- ☐ Toilettenartikel / Toilettenpapier
- ☐ Handtuch
- ☐ Nähzeug / Schreibzeug / Notizbuch
- ☐ Mückenschutz (Sehr wichtig, aber lassen Sie das "Autan" zu Hause. Die kanadischen Moskitos mögen es sehr. Vor Ort gibt es wirkungsvollere Mittel zu kaufen.)
- ☐ Reiseapotheke / evtl. benötigte Medikamente (☞ Gesundheit)
- ☐ Pro Person 1 Survival-Kit

Verpflegung

☞ Verpflegung.

Diplomatische Vertretungen

... in Kanada

- (D) Deutsches Generalkonsulat, Suite 704 - World Trade Centre, 999 Canada Place, Vancouver, B.C. V6C 3E1, ☎ 604/6848377, FAX 604/6848334.
- (A) Östereichisches Honorarkonsulat, 525 Seymor Street, Suite 7/6, Vancouver, B.C. V6B 3H9, ☎ 604/68733378.
- (CH) Schweizer Generalkonsulat, World Trade Centre, 790-999 Canada Place, Vancouver, B.C. V6C 3E1, ☎ 604/6842231, FAX 604/684806.

... in Deutschland, Österreich und der Schweiz

- ♦ Kanadische Botschaft, Friedrich-Wilhelm-Str. 18, D-53113 Bonn, ☎ 0228/9680, FAX 0228/91630.
- ♦ Kanadische Botschaft, Dr.-Karl-Lueger-Ring 10/IV, A-1010 Wien, ☎ 0222/5333691-95.
- ♦ Kanadische Botschaft, Kirchenfeldstr. 88, CH-3005 Bern, ☎ 3526381-85, FAX 3527315.

Gefahren durch wilde Tiere

Bären

Im Bowron Lake Provincial Park sind zwei Bärenarten heimisch - der Grizzly- und der Schwarzbär. Besonders im August bis Mitte September, wenn die Lachse Flußläufe wie den Bowron River hinauf zum Laichgebiet ziehen, sind beide Spezies zahlreich vertreten.

Die Möglichkeit einer Bärenbegegnung während der Kanutour auf den Bowron Lakes ist jederzeit gegeben, wenn auch sehr gering.

Grundsätzlich geht aber von diesen Raubtieren keine Gefahr aus. Bären sind sehr scheue Tiere und gehen dem Menschen aus dem Weg.

In Zusammenhang mit Kanada bzw. Nordamerika werden häufig Bärenstories erzählt. Meist sind diese Erzählungen übertrieben. Besonders einige Medien neigen häufig dazu, den Bären fälschlicherweise als menschenfressendes Ungeheuer zu beschreiben.

Die seltenen Bärenunfälle bzw. Begegnungen mit aggressiven Bären während der letzten zwanzig Jahre sind mit wenigen Ausnahmen auf eindeutiges Fehlverhalten des Menschen zurückzuführen. So ist die Absicht, ein putziges Bärenjunges aus der Nähe fotografieren zu wollen, einem Selbstmordversuch gleichzusetzen. Eine Bärenmutter wird zur rasenden Bestie, wenn man versucht, ihrem Nachwuchs zu nahe zu kommen.

Angst vor Bären muß wirklich niemand haben. Voraussetzung ist jedoch, daß einige, eigentlich selbstverständliche Verhaltensregeln während der Kanutour beachtet werden. Vor Beginn einer Kanutour auf den Bowron Lakes werden die Besucher anhand eines kurzen Videofilms über solche Verhaltensregeln bei Bärenbegegnungen informiert.

Bären sind wilde Tiere. Dies sollten Sie unbedingt beachten. Stark und behend verteidigen die Tiere sich selbst, ihren Nachwuchs und ihr Revier, wenn sie sich bedroht fühlen. Wachsamkeit und die Kenntnis der Verhaltensweisen von Bären können nützlich sein, um einer gefährlichen Begegnung auszuweichen.

Im Kanu auf dem Wasser sind Sie sicher, aber an Land sollten Sie auf Zeichen, die auf die Nähe von Bären hinweisen, achten. Fährten, frisch aufgeworfene Erde und Kothaufen zeigen an, daß sich ein Bär in der Umgebung aufhält.

Falls Sie Bären sehen, nähern Sie sich ihnen nicht. Im übrigen ist es ungesetzlich, die Tiere anzulocken und zu füttern. Diese Bestimmung dient zu Ihrem Schutz, aber auch zum Schutz der Bären selbst.

Die Tiere fühlen sich besonders dann bedroht, wenn sie überrascht werden. Darum machen Sie auf dem Lagerplatz, oder wenn Sie an Land unterwegs sind, Lärm. Singen und reden Sie oder klappern Sie mit Geschirr. Die meisten Bären verlassen das Gebiet, sobald sie Menschen registrieren.

Nahrungsmittel, Toilettenartikel oder Abfall, ja selbst die Kleidung, die Sie bei der Essenzubereitung getragen haben, gehören nicht ins Zelt, sondern in Behältnisse verpackt, in die von der Parkverwaltung auf einigen Campsites neu aufgestellten Metallbehälter oder in die Caches, die es auf jedem Campsite gibt. Nutzen Sie unbedingt diese Verstecke.

Wenn Sie die Caches in sicherer Höhe nutzen, vergessen Sie nicht, die Leiter abzulegen. Bären können Leitern klettern.

Kochen und essen Sie nicht im oder am Zelt - die Gerüche stellen eine Einladung für die Bären dar. Essenreste sollten restlos verbrannt und nicht vergraben werden. Bären haben keine Mühe, sie aufzuspüren und auszugraben.

Eine Unart, die ich bei meinen Touren auf den Bowron Lakes häufig feststellen mußte, ist die, daß Besucher ihre Essenreste in die Gruben der "Outhouses", also in die Toiletten schütteten.

Dies ist verantwortungslos sich selbst und anderen Besuchern gegenüber, weil dadurch Bären angelockt werden. Wer möchte schon gerne sein "Geschäft" verrichten, wenn draußen vor der Tür ein Bär wartet.

Ein Vorfall dieser Art ereignete sich tatsächlich vor einigen Jahren im Bowron Lake Provincial Park.

Eine Frau saß im "Outhouse", als ein Schwarzbär, angelockt von Essenresten, die jemand in die Grube des "Outhouse" geworfen hatte, an der Tür kratzte. Die Frau konnte mit Glück entkommen, und der Bär zerstörte anschließend das komplette "Outhouse", um an diese Essenreste zu gelangen.

Vermeiden Sie duftende Kosmetika. Bären werden durch Parfüm, Haarspray, Seife, ja sogar durch Zahnpasta angelockt.

Es hat sich herausgestellt, daß die Tiere aggressiv auf Frauen während der Menstruation reagieren. Eine empfohlene

Vorsichtsmaßnahme ist das Tragen von Tampons, für deren Beseitigung luftdichte Plastiktüten benutzt werden sollten.

Falls es doch einmal zu einer Bärenbegegnung kommen sollte, sind folgende Hinweise wichtig:

✱ Wenn Sie einen Bären in Ihrer Nähe erblicken, machen Sie möglichst einen Bogen um ihn herum oder verlassen Sie das Gebiet. Sollte sich Ihnen ein Bär nähern, machen Sie laute Geräusche, winken Sie mit den Armen und lassen ihn dadurch wissen, daß Sie da sind. Falls keine Möglichkeit eines Umwegs bzw. eines Rückzugs besteht, geraten Sie nicht in Panik. Bleiben Sie stehen und warten Sie ab, bis der Bär sich wieder getrollt hat - achten Sie jedoch immer darauf, dem Tier einen Fluchtweg zu lassen.

✱ Bewahren Sie Ruhe. Versuchen Sie, die momentane Situation einzuschätzen. Beobachten Sie das Verhalten des Tieres. Das Zusammenschnappen der Kiefer, das Ausstoßen eines "Wuff"-Lauts oder das Niederhalten des Kopfes mit zurückgelegten Ohren sind deutliche Warnzeichen. Jeden Bären, der auf Sie zukommt, sollten Sie als angriffsbereit betrachten.

✱ Wenn sich ein Bär auf die Hinterbeine stellt und mit der Nase in der Luft herumschnüffelt, versucht er, sein Gegenüber zu identifizieren. Bären können nicht gut sehen, aber ihr Geruchssinn ist außergewöhnlich gut.

Sofern er keine Anzeichen aggressiven Verhaltens erkennen läßt, sprechen Sie behutsam und leise auf ihn ein und ziehen Sie sich langsam und vorsichtig zurück. Auf keinen Fall dürfen Sie wegrennen. Bären sind auf kurze Distanz schnell wie ein Rennpferd. Ein Schrei, eine hastige Bewegung oder überstürztes Davonlaufen können einen sofortigen Angriff auslösen. Werfen Sie nicht nach dem Bären - auch das kann einen Angriff provozieren.

☺ **Im Falle eines Angriffs**: Totstellen ist selten nützlich. Versuchen Sie, zu einem sicheren Platz zu flüchten. Als letzter Ausweg bleibt der Versuch, den Bären mit einem Gegenstand einzuschüchtern bzw. abzuwehren.

Pumas

Die Population des Pumas (*Cougar*) hat in British Columbia in den letzten Jahren stark zugenommen, und es hat auch einige Angriffe dieser Tiere auf Menschen gegeben.

Offiziell wird die Zahl der Pumas in British Columbia mit 4.000 beziffert.

Die Wahrscheinlichkeit, während der Kanutour auf den Bowron Lakes einem Puma zu begegnen, ist zwar sehr gering, denn die Tiere sind sehr scheu, aber trotzdem ist auch hier ähnlich wie bei den Bären entsprechende Vorsicht geboten.

Im Falle einer Attacke raten Wildnisspezialisten, dem Puma fest in die Augen zu schauen, mit Steinen und Stöcken zu werfen und zu versuchen, sich zurückzuziehen. Greift das Tier an, wehren Sie sich mit allem, was Sie haben.

Elche

Elche (*Moose*) kommen im Bowron Lake Provincial Park in großer Anzahl vor. Besonders im Frühjahr, wenn sie mit ihren Kälbern im seichten Wasser in Ufernähe stehen, um dicht unter der Wasseroberfläche wachsende Sumpfpflanzen zu äsen, sind sie frühmorgens oder am späten Nachmittag sehr oft zu beobachten.

Die Gefahr, die von Elchkühen, die Kälber führen, ausgeht, sollte unter keinen Umständen unterschätzt werden. Wie auch die Bärenmütter verteidigen Elchkühe ihre Kälber bis zum äußersten, wenn man ihnen zu nahe kommt. Mit einem zertrampelten Kanu kann man die Kanutour nicht fortsetzen, geschweige denn mit gebrochenen Knochen.

📖 SPUREN UND FÄHRTEN - *Basiswissen für Draußen* (Band 30) von Hartmut Engel und Stefan Zabanski. Conrad Stein Verlag, Kronshagen, ISBN 3-89392-130-3, DM 14,80.

Gesundheit

Reiseapotheke

- ☐ Rettungsdecke
- ☐ Antibiotikum
- ☐ Schmerztabletten

- ☐ Grippe- und Erkältungstabletten
- ☐ Sportsalbe (heparinhaltig)
- ☐ Wundheilsalbe
- ☐ Salbe gegen Insektenstiche
- ☐ Japanisches Heilpflanzenöl
- ☐ Hansaplast
- ☐ Desinfektionsmittel
- ☐ Verbandspäckchen
- ☐ Dreiecktuch
- ☐ zwei elastische Binden
- ☐ Hirschtalg-Stift (als vorbeugendes Mittel gegen Blasen vom Paddeln sehr empfehlenswert)

📖 GESUND UNTERWEGS - *Basiswissen für Draußen* (Band 36) von Dr. Karl Lang. Conrad Stein Verlag, Kronshagen, ISBN 3-89392-136-2, DM 12,80.

Giardia lamblia (Beaver Fever)

Giardia lamblia oder auch Biber-Fieber genannt, ist ein Darm-Parasit, der bei einigen Haustieren und wilden Tieren in den Bergregionen von Kanada und den Vereinigten Staaten von Amerika vorkommt.

Der Biber ist als häufiger Überträger dieses Parasiten auf den Menschen bekannt.

Durch Ausscheidungen dieser Tiere gelangt der Parasit in die Gewässer von Seen und Flüssen, und hier besteht die große Gefahr, sich mit diesem Parasiten zu infizieren, wenn das Wasser unabgekocht und unbehandelt getrunken wird.

Die Anzeichen einer Infektion durch *Giardia lamblia* bei Menschen sind Durchfall, Krämpfe im Unterleib, Blähungen, Ermüdungserscheinungen und Gewichtsverlust.

✋ Der Parasit wird durch die chemische Behandlung des Trinkwassers allein nicht hundertprozentig abgetötet. Es wird empfohlen, das Wasser mindestens eine Minute abzukochen, bevor es getrunken wird.

Ich selbst habe meine Erfahrung mit *Giardia lamblia* gemacht und kann sagen, daß damit nicht zu spaßen ist. Behandelt wurde die Infektion seinerzeit bei mir mit dem Medikament Simplotan.

Hypothermie

Hypothermie bedeutet Unterkühlung, d.h. Absinken der Körpertemperatur unter 36 Grad Celsius. Die ersten Anzeichen von Hypothermie sind Zittern, allgemeine Schmerzen, hoher Blutdruck (über 150/100), hoher Puls (über 100) und eine blasse und kalte Haut. Es folgt die Unfähigkeit, klar zu denken und Entschlüsse zu fassen.

Maßnahmen: Nicht schlafen, viel bewegen und langsam aufwärmen. Die Wärme muß von außen zugeführt werden, z.B. mit einer Rettungsdecke, mit warmem Wasserdampf oder durch andere Personen. Die Raum- oder Zelttemperatur sollte möglichst erhöht werden.

☝ Bei Absinken der Körpertemperatur unter 30 Grad Celsius besteht aufgrund drohender Herzrhythmusstörungen akute Lebensgefahr. Ärztliche Hilfe ist sofort notwendig.

Auf Kanutouren ist man durch lange anhaltende Schlechtwetterperioden und Regen bei mangelnder Ausrüstung in bezug auf Kleidung schnell der Gefahr von Hypothermie ausgesetzt.

📖 ERSTE HILFE - *Basiswissen für Draußen* (Band 39) von Martin Schepers. Conrad Stein Verlag, Kronshagen, ISBN 3-89392-139-7, DM 14,80.

Haustiere

Es ist nicht erlaubt, Haustiere, z.B. Hunde, im Bowron Lake Park mitzuführen.

Information und Registration Centre

Das Information und Registration Centre befindet sich im Bowron Lake Provincial Park zu Beginn der ersten Portage (☞ Die Kanuroute, Registration Centre - Kibbee Lake - Portage) zum Kibbee Lake. Die Parkbehörden schreiben allen Besuchern vor, sich hier an- bzw. nach der Tour abzumelden.

Außerdem erhält man hier seine Streckenkarte und bekommt einen kurzen Einführungsfilm über die Tour vorgeführt.

Die Mitarbeiter der Parkbehörden im Information und Registration Centre habe ich ausnahmslos als höfliche und sehr freundliche Menschen kennengelernt, die einem mit Rat und Tat zur Seite stehen.

Sie sind sehr korrekt, wenn es um die Durchsetzung und Einhaltung von Regeln und Anweisungen geht.

So überprüfen sie sehr genau das mitgeführte Gepäck hinsichtlich des Gewichts (☞ Kanu).

Kanu

Der Begriff Kanusport beinhaltet auch das Kajakfahren, obwohl das Kajak - einst erfunden von den Eskimos - eine eigene Bootsart ist. Wenn wir vom Kanu bzw. vom Canadier sprechen, wie das Kanu hier in Europa im Fachjargon auch genannt wird, meinen wir das typische Indianerkanu.

Bei den Outfittern, wie z.B. der Becker's Lodge, kann man sich für eine Tour auf den Bowron Lakes Kanus von verschiedenen Herstellern und in unterschiedlichen Größen mieten. Auch Kajaks, insbesondere Seekajaks, sind auf Wunsch in der Regel zu haben.

Eine Einzelperson sollte auf den sogenannten Einer von etwa 4,20 m bis 4,30 m Länge zurückgreifen. Ein Kanu in dieser Größenordnung kann von einer Person leicht manövriert werden.

Zwei Personen benötigen ein Kanu in den Maßen 4,40 m bis 4,80 m Länge. Hier ist auch noch Platz genug für das nötige Gepäck.

Eine Familie mit ein oder zwei Kindern plus Gepäck benötigt ein Kanu in den Maßen 4,90 m bis 5,50 m Länge.

Bei Familien mit Kindern oder bei Anfängern ist es aus Gründen der Sicherheit wichtig, daß ein Kanu mit großer Kippstabilität ausgewählt wird.

Ich möchte diesem Personenkreis Kanus von "Old Town" empfehlen. Diese Kanus sind zwar etwas langsamer als Kanus von "Clipper", die ich aufgrund der geringeren Kippstabilität nur den etwas geübteren Kanuten empfehlen möchte, aber nach meiner Meinung spielt auf einer Kanutour die Geschwindigkeit nur eine untergeordnete Rolle. Man befindet sich schließlich nicht auf der Flucht.

Um den Transport der Kanus und Ausrüstung über die Portagen (☞ Portagen) zu erleichtern, werden von den Outfittern sogenannte "Canoe Carts" angeboten. Das sind zweirädrige Karren, auf die die Kanus geschnallt werden, um sie dann über Land zu schieben bzw. zu ziehen.

Es ist allerdings darauf zu achten, daß so ein "Canoe Cart" nicht überladen wird, d.h. 28 kg Zuladung sollten beim Transport des Kanus über Land nicht überschritten werden. Die luftgefüllten Reifen der "Carts" werden es einem danken, und die Portagen werden nicht zu sehr in Mitleidenschaft gezogen.

Wer sich solch ein "Canoe Cart" anmietet, sollte daran denken, sich für alle Fälle ein Reparaturset bestehend aus Flickzeug und Luftpumpe mitgeben zu lassen.

Bitte beachten: Bei meinem letzten Gespräch mit der Parkverwaltung im November 1996 wurde ich darauf aufmerksam gemacht, daß in Zukunft das mitgeführte Gepäck von Kanuten genau gewogen wird. Eine Waage wurde extra zu diesem Zweck auf dem Parkplatz unterhalb des Information und Registration Centre aufgestellt.

Vor Beginn meiner letzten Tour im September 1996 wurde das Gepäck meiner Begleiter und mir nur augenscheinlich überprüft. Dies wird es in der Zukunft nicht mehr geben.

Ich habe meine letzten drei Befahrungen der Bowron Lakes mit aufblasbaren Gummibooten durchgeführt, genauer gesagt mit offenem Canadier wie auch mit dem Kajak.

Die Hersteller dieser Boote haben hier in den letzten Jahren Erstaunliches geleistet. Schier unverwüstlich erweisen sich diese Boote, die im Heißvulkanisationsverfahren hergestellt werden. Materialien wie Trevira Hochfest-Polyester Trägergewebe mit Naturkautschuk/Hypalon-Beschichtung sorgen für ein Hochmaß an Luftdichtigkeit und Abriebfestigkeit dieser Boote.

In puncto Sicherheit sind nach meiner Meinung Luftboote den Feststoffbooten überlegen. Die kräftige Bootshaut gibt beim Aufprall nach und federt schwere Stöße elastisch ab.

Die vom Hersteller verwendeten Sicherheitsventile ermöglichen rasches Aufpumpen und schnelles Entlüften. Ein unbeabsichtigtes Öffnen ist ausgeschlossen.

Das Doppelkammersystem bietet höchste Sicherheit: Sollte der äußere Schlauch beschädigt werden, so garantiert der innere Schlauch sichere Weiterfahrt. Aufgrund des Mehrkammersystems sind die Boote unsinkbar.

Ein Vorteil, den ich persönlich sehr schätze, ist der problemlose Transport und die platzsparende Lagerung dieser Boote. Der Canadier wie auch das Kajak findet mit Zubehör in einem großen Hartschalenkoffer oder in einem Seesack Platz. Aufgrund des geringen Gewichtes und Packmaßes befördert jede Airline ein Boot dieser Art als Normalgepäck.

Hervorheben möchte ich hier unbedingt die Produkte der Firma Grabner in Österreich.

Der offene Canadier "Adventure" sowie der Einerkajak und Zweierkajak "Explorer 1" und "Explorer 2" von Grabner sind ideale Boote für Unternehmungen wie die Bowron-Lake-Kanutour.

Natürlich sind diese Kanus windanfälliger und auch langsamer als starre Boote, aber ich empfand dies noch nie als den Nachteil, wie er oftmals beschrieben wird.

♦ Grabner GmbH, Weistracherstraße 11, A-3350 Haag, ☏ 0043/7434/42251-0, FAX 0043/7434/42251-66.

Denjenigen, die mehr über das Kanufahren wissen möchten, empfehle ich folgende Bücher:

- DER CANADIER - *Die Kunst des Kanufahrens* von Bill Mason, deutsche Bearbeitung von Arno Gatz und Elmar Engel. Busse Seewald Verlag, ISBN 0-919493-38-6, DM 42.
- ♦ KANUWANDERN - *Basiswissen für Draußen* (Band 11) von Rainer Mareik. Conrad Stein Verlag, Kronshagen, ISBN 3-89392-111-7, DM 14,80.
- ♦ SOLO IM KANU - *Basiswissen für Draußen* (Band 10) von Cliff Jacobson. Conrad Stein Verlag, Kronshagen, ISBN 3-89392-100-1, DM 12,80.

Karten

* *Bowron Lake Provincial Park - Canoe Circuit.* 1:180.000, Übersichtskarte, 1996.
* *Bowron Lake Provincial Park - Canoe Route.* 1:50.000, Streckenkarte, 1995, DM 14,80

Literatur

* *The Bowron Lakes* von Chris & Jenny Harris, Country Light Publishing C-333, 108 Mile House, B.C., VOK 2ZO. (Dieses Buch ist in Deutschland exklusiv über "GOODS" Import Export Marketing GmbH, Mühlheimer Straße 40, 40878 Ratingen, zu beziehen.)
* *Bowron Lake Provincial Park* von Richard Thomas Wright, Heritage House Publishing Co. Ltd. Unit 8, 17921 55 Ave. Surrey, B.C. V3S 6C4, 1994.
* *Kanuatlas Kanada Band 1, West- und Nordkanada* von Ferdi Wenger, Diekmann / Thieme Verlag.
* *Kanuabenteuer Bowron Lakes, B.C.* von Wolfgang Winterhoff, Canada Journal Mai/Juni 1995.
* *Bowron Lakes, Kanada für Genießer,* Outdoor Reisemagazin, Januar/Februar 1996.
* *Bowron Lakes, Kanada für Genießer,* Kanu Magazin, Dezember/Januar 1996.
* *Kanadas Westen* von Conrad Stein, Conrad Stein Verlag, Kronshagen, 1995.

Moskitos

Diese Plagegeister treten je nach Wetterlage hauptsächlich im Juni bis Ende Juli im Bowron Lake Provincial Park in Massen auf. Deshalb sollte ein Mückenmittel in keinem Gepäck fehlen. Aber europäische Produkte kann man getrost zu Hause lassen. Nach meinen Erfahrungen sind die kanadischen Moskitos ganz wild darauf. In den Supermärkten vor Ort sind wirkungsvollere Mittel wie "Deep Woods" oder "Djungel Oil" erhältlich.

Auf dem Wasser im Kanu hat man übrigens Ruhe vor den Viechern.

Outfitter

Hier nun eine Auflistung der mir bekannten Outfitter, die Kanus und Ausrüstung verleihen bzw. geführte Touren auf den Bowron Lakes anbieten:

- Becker's Lodge LTD., Bowron Lake, B.C., Lothar Vollmer, Box 129, Wells, B.C. VOK 2RO, ☏ 250/9928864, FAX 250/9928893, oder in Deutschland ☏ und FAX 06104/63407.
- Bowron Lake Lodge and Resorts LTD., R.D. Mc Kitrik, 672 Walken St., Quesnel, B.C. V2J 2J7, ☏ 250/9922733, FAX 250/9921511.
- Wild Country Adventures, Peter Grundmann, Box 57, 4234 Sanders Ave., Wells, B.C. VOK 2RO, ☏ und FAX 250/9943209.
- Great Escape Wilderness Canoeing, Manfred Kriegl, 1748 High Ricardo Way, Kamloops, B.C. V2J 1L3, ☏ und FAX 250/3747062.
- Pathways Canada Tours, Box 333, 108 Mile Ranch, B.C. VOK 2ZO, FAX 250/7916671.
- Sea to Sky Trails Wilderness Expeditions, 105C 11831 80th. Ave., Delta, B.C. V4C 7X6, ☏ und FAX 604/5947701.
- Wolverine Mountain Guide Outfitters, Tim and Judy Cushman, Box 25, Wells, B.C. VOK 2RO, FAX 250/9943468.

Park Ranger

☆ Gewöhnlich patrouillieren zwei Teams von Park Rangern der Parkverwaltung mit Motorbooten auf den Bowron Lakes.

Sie haben u.a. die Aufgabe, Kanuten, die in Not geraten sind, zu helfen, aber auch Angellizenzen und Parkbenutzungsausweise zu kontrollieren und die Ordnung im Park aufrechtzuerhalten.

Es sollte sich aber niemand darauf verlassen, die Park Ranger zu treffen. Die Wildnis des Bowron Lake Provincial Park ist riesig groß, und es ist Zufall, wenn man sie sieht.

Manchmal halten sie sich für ein bis zwei Tage in einer der vier Ranger Cabins (Unterkünfte) entlang der Kanuroute auf. Diese Cabins stehen am Indianpoint Lake, Isaac Lake, Babcock Creek und Spectacle Lake.

Portagen

Der Begriff stammt aus der Zeit der Voyageure und kommt aus dem Französischen. "Le Portage" heißt soviel wie "Transport auf dem Rücken des Menschen".

Gemeint ist mit einer Portage die Landverbindung zwischen zwei Gewässern, über die Kanu und Ausrüstung transportiert werden müssen.

Auf der Bowron-Lake-Kanutour gibt es sieben dieser Portagen von insgesamt 9,6 km Länge. Die längste Portage ist 2,4 km lang und ist gleich am Anfang der Tour zu bewältigen.

Weitere Portagen verbinden den Kibbee Lake mit dem Indianpoint Lake, den Indianpoint Lake mit dem Isaac Lake, den Isaac Lake mit dem McLeary Lake, den Babcock Lake mit dem Skoi Lake und den Skoi Lake mit dem Spectacle Lake.

Im allgemeinen sind die Portagen in einem recht guten Zustand. Nach langen Regenperioden sind sie aber aufgeweicht und die beladenen Kanuwagen hinterlassen tiefe Spuren.

Der Transport von Kanu und Ausrüstung kann unter diesen Umständen recht beschwerlich sein.

Wer auf den Kanuwagen verzichten und es den Voyageuren gleichtun will, indem er das Kanu auf dem Rücken über die Portage schleppt, für den gibt es in kurzen Abständen spezielle Gerüste, sogenannte "Canoe Rests", auf denen das Kanu zu einer kurzen Rast abgelegt werden kann.

Reservierungssystem

Um den Wildnischarakter der Bowron-Lake-Kanutour zu erhalten, gibt es für die jährlich mittlerweile recht große Besucherzahl - im Jahre 1996 waren es etwa 4.800 - ein Reservierungssystem.

Pro Tag werden von der Parkverwaltung 50 bis 55 Besucher mit ihren Kanus auf die Bowron Lakes zugelassen. Der Besucherandrang ist in den Ferienmonaten Juli und August am größten.

Reservierungen können ab dem 2. Januar eines jeden Jahres von 9:00 bis 17:00 bei der Parkverwaltung von British Columbia unter folgender Adresse vorgenommen, bzw. das hierfür notwendige Anmeldeformular kann angefordert werden:

ℹ D.J. Park Contractors, 358 Vaughan Street, Quesnel, B.C. V2J 2T2, ☏ 250/9923111, FAX 250/9926624.

D.J.PARK CONTRACTORS

358 VAUGHAN STREET, QUESNEL, B.C. V2J 2T2

PHONE: (250) 992-3111 FAX: (250) 992-6624

BOWRON LAKE CIRCUIT INDIVIDUAL/PARTY REGISTRATION FORM

This individual/party registration form allows us to better manage usage of the Bowron Lake Canoe Circuit. If your party consists of six or fewer people please complete this registration form in whole and return with your deposit.

1. Party Leader's Name: ____________________
   Address: ____________________
   Street City
   ____
   Province/State Postal/Zip Code

   Telephone: Home (   ) __________ Work (   ) __________

2. Proposed circuit departure date: ____________________

   If proposed date unavailable, alternate date: ____________________

3. Proposed number of days to complete circuit: ____________________

4. Due to congestion on the circuit your party will be assigned a campsite and departure time for the first night only.

5. Names of all party members:

   1. __________ 2. __________

   3. __________ 4. __________

   5. __________ 6. __________

Please be sure to print information clearly to avoid any mistakes in your reservation information.

Thank you.

Folgende **Parkbenutzungsgebühren** werden von der Parkverwaltung berechnet. Es wird unterschieden zwischen Parties (2 bis 6 Personen) und Gruppen (7 bis 14 Personen):

Für die komplette Tour		Für die Westseite	
CA$ 50	1 Person / Kanu / Kajak	CA$ 38	pro Kanu / Kajak
CA$ 60	2 Personen / Kanu / Kajak	CA$ 114	pro Gruppe
CA$ 180	pro Gruppe		

Bei Anmeldung müssen folgende **Zahlungen** (= Parkbenutzungsgebühr) gemacht werden (Angabe der persönlichen Kreditkartennummer, Visa oder Mastercard):

Für die komplette Tour		Für die Westseite	
CA$ 50	1 Person	CA$ 38	1 bis 6 Personen
CA$ 60	2 bis 6 Personen	CA$ 114	7 bis 14 Personen
CA$ 180	7 bis 14 Personen		

Die Anzahlungen werden von der Parkverwaltung voll zurückerstattet, wenn die Reservierung bis 14 Tage vor Beginn der Tour storniert werden sollte.

Parties und Gruppen müssen sich am Tag des Beginns der Tour bis 15:00 im Registration Centre im Bowron Lake Provincial Park eingefunden haben. Andernfalls verfällt der Reservierungstermin, und man wird auf eine Warteliste gesetzt.

Wie schon erwähnt, dürfen pro Tag 50 bis 55 Kanuten starten. (Diese Zahlen gelten für die komplette Tour wie auch für die Westseite.) Davon sind zehn bis 18 Positionen für Besucher freigehalten, die ohne Reservierung im Registration Centre erscheinen. Ist die täglich erlaubte Besucherquote erreicht, so wird am darauffolgenden Tag die bestehende Warteliste nach dem Motto "Wer zuerst kommt, geht zuerst" abgebaut. In den Monaten Juli/August sind ohne Reservierung Wartezeiten von ein bis zwei Tagen möglich.

Das Bowron Lake Provincial Park Registration Centre ist vom 15. Mai bis zum 30. September täglich von 7:00 bis 20:00 geöffnet.

Alle Parties und Gruppen müssen aus ihren Reihen einen verantwortlichen Führer bestimmen, der auch der Parkverwaltung im Anmeldeformblatt mitgeteilt werden muß.

Gruppen starten nur an geraden Tagen und dürfen nur die ihnen zugewiesenen Gruppen-Campsites benutzen. Parties sollten es unterlassen, einen Gruppen-Campsite als Lagerplatz auszuwählen.

Sicherheit

Jeder sollte während der Kanutour seinen größtmöglichen Beitrag zur Sicherheit für sich selbst und andere Teilnehmer leisten.

Die Bowron-Lake-Kanutour hat Expeditionscharakter und Leichtsinn ist hier ein schlechter Begleiter.

So ist es zum Beispiel ratsam, immer in Ufernähe zu paddeln und nicht die Seen von einem zum gegenüberliegenden Ufer zu kreuzen. Das Wetter ändert sich im Bowron Lake Provincial Park oft in Minutenschnelle und heftige Winde setzen plötzlich ein. Der Isaac Lake und der Lanezi Lake sind in dieser Beziehung berüchtigt. Eine Kenterung weit weg vom rettenden Ufer kann sehr schnell lebensbedrohlich sein. Das Tragen einer Schwimmweste im Kanu ist selbstverständlich.

Auf den Campsites ist die Benutzung der Bear Caches von der Parkverwaltung vorgeschrieben, und jeder sollte sich **unbedingt** daran halten.

Ebenso ist die An- und Abmeldung zu Beginn bzw. am Ende der Tour zwingend vorgeschrieben. Sie dient der eigenen Sicherheit.

Tritt trotzdem einmal ein Notfall ein, so ist nach Möglichkeit direkter Kontakt mit den Park Rangern (☞ Park Ranger) aufzunehmen bzw. die nächstgelegene Ranger Cabin aufzusuchen und dort eine Nachricht mit den notwendigen Hinweisen wie Standort und Art des Notfalls zu hinterlassen.

Mittlerweile haben die Parkbehörden *Emergency*-Telefone an den Ranger Cabins installiert, über die man Hilfe herbeirufen kann. Zusätzlich befindet sich noch ein Telefon dieser Art auf den Campsites Nr. 28 und 32.

Alle Standorte der *Emergency*-Telefone sind in der Streckenkarte eingezeichnet.

Man muß darauf vorbereitet sein, daß es unter Umständen einige Zeit dauern kann, bis Hilfe kommt. Jeder Teilnehmer einer Kanutour sollte daher mit den wichtigsten Erste-Hilfe-Maßnahmen vertraut sein.

📖 ERSTE HILFE - *Basiswissen für Draußen* (Band 39) von Martin Schepers. Conrad Stein Verlag, Kronshagen, ISBN 3-89392-139-7, DM 14,80.

Trails

Während der Kanutour kann man über zwei kurze Wanderpfade lohnende Ziele erreichen:

Der eine Trail führt vom südlichen Ufer des **Sandy Lake** zum malerischen **Hunter Lake**, der andere vom südlichen Ufer des **Unna Lake** zu den spektakulären **Cariboo-Wasserfällen** (☞ Karte ❺).

Unterkünfte im Park

Becker's Lodge

Die Becker's Lodge ist der größte Outfitter im Bowron Lake Provincial Park. Am westlichen Ufer des Bowron Lake gelegen, mit einem sehr schönen Blick auf den See, ist diese Lodge ein idealer Ausgangspunkt für eine Kanutour auf der Bowron-Lake-Seenkette.

Lothar Vollmer, ein Deutscher aus Wuppertal, bewirtschaftet mit seiner Frau die Lodge seit einigen Jahren in vorbildlicher Weise.

Die Lodge bietet neben dem bereits erwähnten Transfer von/nach Quesnel allen erdenklichen Service an.

Neben einem eigenen Campground mit Dusch- und Waschmöglichkeiten sind mehrere gemütliche Blockhäuser vorhanden, in denen vor oder nach der Tour übernachtet werden kann. Ebenso gibt es ein hervorragendes Restaurant.

In der Becker's Lodge kann man neben qualitativ hochwertigen Kanus und Kajaks die gesamte Ausrüstung für die geplante Kanutour zu einem verträglichen Preis anmieten. Kompetente Angestellte der Lodge stehen einem mit Rat und Tat zur Seite.

Von der Becker's Lodge werden geführte Touren über die Bowron Lakes angeboten. Hierfür stehen qualifizierte Guides und Helfer zur Verfügung.

Diese Touren werden als komplette Pakete inkl. Ausrüstung, Verpflegung, Begleitung durch qualifizierte Guides und Helfer und zwei Übernachtungen in rustikalen Blockhäusern der Lodge am Anfang bzw. Ende der Tour angeboten.

i Informationen und Reservierung in Kanada: ☎ 250/9928864, FAX 250/ 9928893, in Deutschland: ☎ und FAX 06104/63407.

Bowron Lake Lodge

Neben der Becker's Lodge gibt es am westlichen Ufer des Bowron Lake noch die Bowron Lake Lodge, auf die ich jedoch an dieser Stelle nicht näher eingehen möchte.

Meines Wissens steht die Lodge zum Verkauf. In den letzten Jahren befanden sich die Einrichtungen nebst dem privaten Campground in einem eher fragwürdigen Zustand.

Es bleibt abzuwarten, wie sich die Dinge unter evtl. neuen Besitzverhältnissen entwickeln werden.

Camping

Wer die Einrichtungen der Outfitter und die privaten Campgrounds vor Beginn oder nach Beendigung der Tour nicht nutzen möchte, dem bietet sich in unmittelbarer Nähe des Bowron Lake Provincial Park Information und Registration Centre (☞ Information und Registration Centre) der idyllische, tadellos gepflegte und saubere Bowron Lake Provincial Campground mit Stellflächen für Wohnmobile und Zelte.

Entlang der eigentlichen Kanuroute befinden sich insgesamt 54 Campingplätze, sogenannte **Campsites**, die auf der Streckenkarte numerisch und mit den Größenbezeichnungen ausgewiesen sind.

Es handelt sich dabei nicht um Campingplätze wie wir sie üblicherweise von Europa her kennen, sondern nur um freie Flächen in der Wildnis, auf denen man sein Zelt aufschlagen kann.

Die Campsites unterscheiden sich in vier Größen: G = Groupsite für Gruppen (als Gruppen zählen sieben bis 14 Personen), S = 2 Zelte, M = 3 bis 5 Zelte und L = 6 bis 8 Zelte und sind entsprechend gekennzeichnet.

Ausgestattet sind diese Campsites jeweils mit eingefaßten Abstellflächen für Zelte, den sogenannten Tent Pads, einer Feuerstelle, einem "Outhouse" (Toilette) und einem Bear Cache (Cache kommt aus dem Französischen - La Cachette bedeutet soviel wie "der Ort, wo man etwas versteckt").

Ein Cache ist ein Gerüst mit einer Leiter, auf das Lebensmittel und andere Dinge über Nacht bärensicher deponiert werden können.

Vor ein paar Jahren hat die Parkverwaltung auf einigen Campsites zusätzlich große, verschließbare Metallbehälter aufgestellt, in denen sich Verpflegung und Ausrüstung verstauen lassen. Diese Dinger sind absolut bären- und pumasicher und sehr bequem, ersparen sie einem doch die Mühe der Unterbringung in einem Cache, das erst über eine Leiter erreicht werden kann.

Im Bowron Lake Provincial Park gibt es Bären (☞ Gefahren durch wilde Tiere), und die Benutzung dieser Bear Caches bzw. der Metallbehälter ist durch die Parkbehörden aus Sicherheitsgründen für Mensch und Tier zwingend vorgeschrieben.

Auf einigen Campsites gibt es sogenannte Picnic und Sleeping Shelter.

Eine **Picnic Shelter** ist eine überdachte, meist nach allen Seiten offene, mit einem Ofen und Picknicktischen versehene Konstruktion, wo man sich bei Regen aufhalten kann. Zum Übernachten sind diese Shelter allerdings nicht gedacht und dies sollte auch fairerweise anderen Benutzern gegenüber beherzigt werden.

Bei einer **Sleeping Shelter** handelt es sich meistens um alte "Trapper Cabins" - alte Blockhäuser von Jägern und Fallenstellern aus früherer Zeit. Ausgestattet mit einem Yukonofen, primitiven Bettgestellen sowie Tisch und Stühlen bieten diese Cabins bei schlechtem Wetter einen ungeahnten Komfort. Nur vor Mäusen sollte man sich nicht fürchten!

Acht Cabins dieser Art existieren entlang der Kanuroute. Diese Cabins sind für alle Parkbenutzer da. Die Parkverwaltung empfiehlt allerdings, nicht darin zu übernachten, es sei denn, es ist unbedingt notwendig.

Hat man bei schlechtem Wetter eine solche Cabin in Beschlag genommen, ist es selbstverständlich, daß auch anderen schutzsuchenden Kanuten Zugang gewährt wird.

Alle Picnic und Sleeping Shelter sind in der Streckenkarte ausgewiesen.

⌂ Eine Sleeping Shelter findet man jeweils auf folgenden Campsites: Kibbee Lake - etwa auf halber Paddelstrecke am linken Ufer in Höhe Thompson Lake, Indianpoint Lake - Campsite 8, Isaac Lake - Campsite 18 und Campsite 21, McLeary Lake - Campsite 31, Unna Lake - Campsite 40, Spectacle Lake - Campsite 48, Bowron Lake - Campsite 53.

✕ Picnic Shelter befinden sich: Isaac Lake - Campsite 15 und Campsite 29, Lanezi Lake - Campsite 34, Spectacle Lake - Campsite 48.

Noch ein paar Worte zum Thema **Lagerfeuer**. Es ist untersagt, sich im Wald Feuerholz selbst zu schlagen. Trockenes Bruchholz darf natürlich genommen werden. Entlang der Kanustrecke und häufig in der Nähe von Campsites haben die Park Ranger (☞ Park Ranger) Feuerholz vorbereitet. Diese Stellen sind mit einer Hinweistafel gekennzeichnet.

Ein Lagerfeuer darf aufgrund der großen Waldbrandgefahr nur an den dafür vorgesehenen Stellen auf den Campsites entfacht werden, und es ist möglichst klein zu halten.

Wenn ein Campsite verlassen wird, sollte man absolut sicher sein, daß auch das letzte Fünkchen Glut an der Feuerstelle gelöscht ist, und, um es nicht zu vergessen, der Campsite sollte so sauber verlassen werden, wie er vorgefunden wurde.

Alles auf einen Blick: Diese Markierungen sind auf der Kanuroute zu finden

Verstauen der Ausrüstung im Kanu vor dem Start

☝ Die Streckenkarte, in der die Campsites ausgewiesen sind, wird **jährlich aktualisiert**, d.h. es können sich **Änderungen** bei den Nummerierungen sowie bei den Größenbezeichnungen und der Lage ergeben.

Verpflegung

Eine sehr wichtige Frage stellt sich schon bei der Planung einer Kanutour. Besonders dann, wenn es sich um eine Tour handelt, die mehrere Tage dauert.

Welche Art von Verpflegung nehme ich mit? Ernähre ich mich mit "normaler" Nahrung, was bedeutet, daß ich an Volumen und Gewicht mehr Gepäck habe, oder greife ich auf leichtgewichtige, aber vollwertige, sogenannte Expeditions- und Trekkingnahrung zurück?

Während meiner ersten Tour auf den Bowron Lakes, die ich mit zwei Freunden unternahm, verpflegten wir uns "normal". Unser Speiseplan bestand u.a. aus Steaks, Eiern mit Speck, Bratkartoffeln, Bauernfrühstück usw. Eine Kühlbox mußte mit, um Steaks und Eier frisch zu halten. Die Folge war, daß wir uns auf den Portagen ganz schön abschleppen mußten.

Auf meiner zweiten Tour, einige Jahre später, hatte ich den Verpflegungsplan umgestellt. Er bestand nun etwa zu einem Drittel aus frischen Lebensmitteln und zu zwei Dritteln aus der bereits erwähnten Expeditions- und Trekkingnahrung, die übrigens in extrem leichtem Verpackungsmaterial (Leerbeutel ca. 10 Gramm) angeboten wird.

Diese Kombination möchte ich auch hier empfehlen, weil ich mit dieser Art von Ernährung die besten Erfahrungen gesammelt habe. Wer sich über mehrere Tage nur mit "Tütenfutter" ernährt hat, dem hängt diese Form von Nahrung bald zum Halse heraus. Ich möchte aber an dieser Stelle ganz klar feststellen, daß ich von dieser Expeditions- und Trekkingnahrung aus der Tüte überzeugt bin. Die Vorteile von solch gefriergetrockneter Nahrung liegen auf der Hand. Sie ist vollwertig, ohne Konservierungsstoffe, variantenreich und sie schmeckt gut.

Die Argumente geringes Volumen und Gewicht sind bei Outdoor-Aktivitäten unschlagbar. (Die Portion für eine Person wiegt ca. 125 Gramm.)

Simpert/Reiter und F. Schultheiss, die beiden deutschen Firmen, die diese Nahrung anbieten, haben in den vergangenen Jahren auf diesem Gebiet viel Positives erreicht.

- Simpert/Reiter, Postfach 180, 86062 Augsburg, ☏ 0821/2407500, FAX 0821/2407510.
- F. Schultheiss, Postfach 2262, 64533 Mörfelden-Walldorf, ☏ 06105/45878, FAX 06105/45877.

Und Karl-Josef Metzmacher hat mit seinem "Cathay" Pemmikan im Outdoor-Bereich in dieser Beziehung ein Zeichen gesetzt. Viele namhafte Extremsportler greifen mittlerweile auf das Produkt von Metzmacher zurück.

"Cathay" Pemmikan ist ein konzentriertes, lange haltbares Lebensmittel, ähnlich dem aus Amerika bekannten Pemmikan, welches schon von den Indianern genutzt wurde.

Das Produkt besteht im wesentlichen aus Fleisch, Beeren, Gemüse, Leinsamen und Sesam und ist sehr nahrhaft, energiespendend und bekömmlich.

- Ausrüstergeschäfte oder direkt bei Karl-Josef Metzmacher, Apfelstraße 53, 52525 Heinsberg.

Was den Preis dieser Expeditions- und Trekkingnahrung angeht, so muß ich denjenigen widersprechen, die immer wieder behaupten, sie wäre sehr teuer.

Und noch einen großen Vorteil bietet diese Nahrung: Sie ist schnell zubereitet. So habe ich Zeit für andere Dinge und bin nicht stundenlang mit der Essenzubereitung beschäftigt, wenn ich den Campsite erreicht habe.

Klar, das Köcheln und Brutzeln am Lagerfeuer macht Spaß, aber es geht einfach zuviel Zeit damit verloren. Besonders im Herbst, wenn es wieder früher dunkel wird, habe ich diese Zeit nicht. Wenn das Lager aufgeschlagen ist, möchte man vielleicht noch wandern oder angeln, und dies geht nur, solange es hell ist. Wer dann noch lange mit der Essenzubereitung zu tun hat, dem bleibt keine Zeit mehr für diese Aktivitäten.

Aber zurück zu meiner empfohlenen Kombination: Etwas Frisches muß sein. Ein paar Steaks, frische Eier mit Speck und auch etwas Obst und Gemüse für z.B. die ersten zwei bis drei Tage können auch im Gepäck mitgeführt werden. Diese Dinge sind auch ohne Kühlbox für diesen kurzen Zeitraum haltbar.

Auf die Anreicherung seiner Wildnisküche mit selbstgefangenem Fisch sollte man sich nicht hundertprozentig verlassen. Manchmal hat man eben kein "Petri Heil". Vor allen Dingen oft dann nicht, wenn man sich darauf verläßt, wie ich aus eigenen Erfahrungen heraus sagen kann.

Nachstehend nun als Leitfaden der Speiseplan für eine Zehn-Tages-Tour über die Bowron Lakes:

Tag ➊ Frühstück: Eier mit Speck
Mittag: Heiße Brühe mit "Cathay" Pemmikan als Einlage
Abend: Steaks mit Bratkartoffeln (gefriergetrocknet), frisches Gemüse und Obst

Tag ➋ Frühstück: Müsli
Mittag: Gulaschsuppe
Abend: Frisches Gemüse mit Reis, evtl. selbstgefangener Fisch, Obst

Tag ➌ Frühstück: Rühreier mit Speck
Mittag: Hühnersuppe mit Nudeln (gefriergetrocknet)
Abend: Steaks mit Folienkartoffeln, frisches Gemüse und Obst

Tag ➍ Frühstück: Müsli
Mittag: Jägertopf (gefriergetrocknet)
Abend: Brotzeit (am Lagerfeuer gebackenes Brot aus einer fertigen Brotbackmischung)

Tag ➎ Frühstück: Brot mit "Cathay" Pemmikan als Aufstrich
Mittag: Nudeln mit Italienischer Sauce (gefriergetrocknet)
Abend: Frikadellen mit Kartoffelpüree und Haselnußpudding (beides gefriergetrocknet)

Tag ➏ Frühstück: Apfelpfannkuchen (gefriergetrocknet)
Mittag: Rinderbrühe mit "Cathay" Pemmikan als Einlage
Abend: Zigeunertopf mit Rindfleisch und Nudeln (gefriergetrocknet), evtl. selbstgefangener Fisch

Schwarzbären sind besonders häufig im August/September anzutreffen

Elche am Unna Lake

Tag ❼ Frühstück: Müsli
Mittag: Kartoffel-Gemüse-Eintopf (gefriergetrocknet)
Abend: Chili con Carne, Mousse au Chocolat (beides gefriergetrocknet)

Tag ❽ Frühstück: Rührei mit Zwiebeln (gefriergetrocknet)
Mittag: Kartoffelsuppe (gefriergetrocknet)
Abend: Beef Stroganoff mit Rindfleisch und Reis (gefriergetrocknet)

Tag ❾ Frühstück: Müsli
Mittag: Erbseneintopf mit Speck (gefriergetrocknet)
Abend: Bratkartoffeln mit Speck (gefriergetrocknet) und evtl. selbstgefangener Fisch

Tag ❿ (letzter Tag) Frühstück: Kaiserschmarrn und Müsli
Mittag: Rinderbrühe mit "Cathay" Pemmikan

Getränke: Kaffee, Tee, Kakao und Mineralgetränk. (Wichtig: eine kleine Flasche Rum als Zusatz für Tee und Kakao !!!)

Auf den ersten Blick erscheint dieser Speiseplan sehr üppig, aber aus Erfahrung kann ich sagen: "Paddeln macht sehr hungrig!" Es ist kaum vorstellbar, welch große Portionen jemand essen kann, der sich den ganzen Tag an der frischen Luft aufhält. So war einer meiner Begleiter tatsächlich morgens in der Lage, etwa ein knappes Pfund Müsli zu verdrücken. Allerdings ist diese Menge schon sehr extrem.

Nach Beendigung meiner Touren blieb selten noch etwas von der mitgeführten Verpflegung übrig.

Als Zwischenmahlzeit empfehle ich, immer ein paar Energieriegel im Kanu griffbereit zu haben. So kann der kleine Hunger zwischendurch schnell gestillt werden.

Mittlerweile gibt es auch in Deutschland die sogenannten "Power Bars". Pro Riegel 60 Gramm Kraftfutter mit 225 Kalorien, bestehend aus Kohlenhydraten, Eiweiß, Fett und Elektrolyten wie Magnesium, Kalzium und Kalium.

Entwickelt wurden die "Power Bars" von amerikanischen Ernährungswissenschaftlern mit Unterstützung von Ausdauer- und Extremsportlern.

♦ Power Food, Postfach, 87545 Burgberg, ☎ 08321/85910, FAX 08321/89194.

☺ Übrigens, in ihren Ausgaben 4/94 und 5/94 berichtet die Zeitschrift "tours" unter der Rubrik Ausrüstung sehr ausführlich über die Outdoor-Küche. Produkte von Simpert/Reiter, Schultheiss und die "Power Bars" werden hier unter die Lupe genommen.

📖 KOCHEN - *Basiswissen für Draußen* (Band 8) von Cliff Jacobson. Conrad Stein Verlag, Kronshagen, ISBN 3-89392-107-9, DM 12,80.

Wer seine Verpflegung vor Ort in Kanada kaufen möchte, der kann dort auf ähnliche Produkte zurückgreifen, die in der Qualität gleichwertig sind.

Ausrüstergeschäfte in Vancouver ("Mountain Coop") und in Quesnel ("Canadian Tire") bieten diese Produkte an.

Trinkwasser

Zum Thema Verpflegung gehört natürlich auch das Trinkwasser. Hauptursache für Magen- und Darmerkrankungen bei Outdoor-Aktivitäten wie Trekking und Kanutouren ist unsauberes Trinkwasser.

Ich empfehle, Wasser grundsätzlich zu entkeimen und abzukochen. Vor allen Dingen dort, wo es Biber gibt, wie es gerade auf der Westseite der Bowron Lakes der Fall ist, sollte man diese doppelte Vorsichtsmaßnahme anwenden. Die Gefahr von *Giardia lamblia* (☞ Gesundheit) ist gerade dort nicht zu unterschätzen.

Auf meinen Touren reichere ich das Trinkwasser immer mit Kalzium- und Magnesiumbrausetabletten an, um den Mineralhaushalt aufrechtzuerhalten.

Waffen / Jagen

Das Mitführen von Waffen und die Jagd sind im Bowron Lake Provincial Park verboten.

Seit einigen Jahren gibt es in Nordamerika ein Spray zur Abwehr von Bären, das sogenannte "Bear Pepper Spray". Dieses Spray darf mitgeführt werden, wenn aus der Aufschrift ganz eindeutig hervorgeht, daß es sich um dieses Abwehrmittel handelt. Ich stehe diesem Spray jedoch sehr skeptisch gegenüber.

Wetter

Gewöhnlich sind die Seen der Bowron-Lake-Kette ab Mitte bis Ende Mai eisfrei.

Im Juni/Juli ist das Wetter recht unbeständig. Lang anhaltende Regenfälle über mehrere Tage sind möglich. Die zweite Julihälfte und der August sind die wärmsten Monate. Der September bringt den Indian Summer. Das Wetter ist in diesem Monat in der Regel beständig und schön. Allerdings sind die Nächte schon empfindlich kalt. Mitte bis Ende Oktober hält der Winter wieder Einzug im Bowron Lake Provincial Park. Der erste Schnee fällt und die Seen frieren zu.

Zoll

Grundsätzlich gibt es bei der Einfuhr von Expeditions- und Trekkingnahrung mit den kanadischen Zollbehörden keine Probleme, sofern die mitgeführten Mengen der Dauer und Art des Aufenthaltes entsprechen.

Nach den neuesten Bestimmungen ist jedoch die Einfuhr von Lebensmitteln (auch Trockenprodukten), die Fleisch enthalten, verboten. Für Expeditions- und Trekkingnahrung kann eine Ausnahmegenehmigung erteilt werden. Diese muß vor der Einreise schriftlich beantragt werden bei:

- Meat Hygiene/Animal Health Regulations, 59 Camelot Drive, Nepean, Ontario, K1A 0YG.

Die Einfuhrerlaubnis von Verpflegung für meine Tour im September 1996 wurde mir übrigens nicht erteilt.

Herbst am Bowron Lake

Auf dem Indianpoint Lake

Die Kanutour

ЖЖ Bowron Lake - Kibbee Lake Portage	2,4 km
Kibbee Lake	2,4 km
ЖЖ Kibbee Lake - Indianpoint Lake Portage	2,0 km
Indianpoint Lake	6,4 km
ЖЖ Indianpoint Lake - Isaac Lake Portage	1,6 km
Isaac Lake (Westarm)	6,8 km
Isaac Lake (Hauptarm)	31,2 km
ЖЖ Isaac River (1,5 km ⛵)	2,8 km
McLeary Lake	1,2 km
Cariboo River	5,2 km
Lanezi Lake	14,8 km
Cariboo River	1,2 km
Sandy Lake	4,8 km
Cariboo River - Babcock Creek	3,6 km
Cariboo River - Unna Lake	0,4 km
Babcock Creek (Treideln)	1,2 km
Babcock Lake	2,8 km
ЖЖ Babcock Lake - Skoi Lake Portage	0,4 km
Skoi Lake	0,8 km
ЖЖ Skoi Lake - Spectacle Lake Portage	0,4 km
Spectacle/Swan Lake - Bowron River	12,8 km
Bowron River	4,0 km
Bowron Lake	7,2 km
insgesamt	116,4 km

🚗 Wer mit dem eigenen Fahrzeug angereist ist, der kann dieses für die Dauer der Tour auf dem Parkplatz unterhalb des Registration Centre abstellen.

✋ Bitte lassen Sie keine Wertsachen im Fahrzeug!

Registration Centre - Kibbee Lake Portage - Kibbee Lake (4,8 km)

"Arg lastete das Gewicht des Kanus auf unseren Schultern. Die 2,4 km lange Portage zum Kibbee Lake wollte kein Ende nehmen. Bereits zum zweitenmal gingen wir den Weg, denn

unsere Ausrüstung und Verpflegung für acht Tage lagen bärensicher auf einem Cache am Ufer des Kibbee Lake im Bowron Lake Provincial Park ..."

Nachdem man sich im Registration Centre der Parkverwaltung angemeldet und den kurzen Videofilm zur Einweisung für die Kanutour angeschaut hat, geht es zunächst auf die **Kibbee Lake Portage**.

Ja, bevor auf der Bowron-Lake-Kanutour gepaddelt werden darf, müssen erst einmal Kanu und Ausrüstung über diese 2,4 km lange Portage transportiert werden, wobei man ganz schön ins Schwitzen kommt.

Wer ein "Canoe Cart" - einen Kanuwagen - zum Transport seines Kanus über die Portagen benutzt, muß darauf achten, daß das Kanu darauf richtig festgeschnallt ist und die nicht zu schwere Ladung (28 kg dürfen nicht überschritten werden) im Kanu so verteilt ist, daß der Schwerpunkt **in der Mitte** liegt. So bereitet der Transport über die Portage die geringste Mühe. Außerdem wird das Kanumaterial optimal geschont.

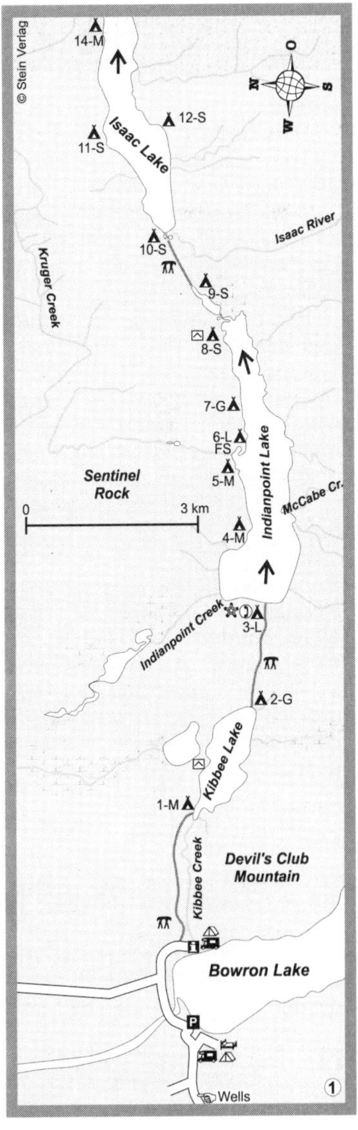

Bei zuviel Bug- oder Hecklastigkeit können im Kanu Risse entstehen.

Der Zustand der Kibbee Lake Portage ist im allgemeinen recht gut. Sie gleicht mehr einem gut instand gehaltenen Weg als einer Wildnisportage.

Allerdings geht es fast stetig leicht bergauf, was schon eine kleine Anstrengung bedeutet, denn man muß sich ganz schön ins Zeug legen, um den Kanuwagen mit Kanu und Ausrüstung vorwärts zu bekommen.

Für diejenigen, die es den Voyageuren von damals gleichtun und das Kanu auf den Schultern über die Portage schleppen möchten, bietet sich nach 500 m die erste Möglichkeit zur Rast. Ebenerdig steht dort ein Gerüst, auf dem das Kanu abgelegt werden kann. Immerhin wiegt ein Kanu 32 bis 36 kg, und ich meine, daß es nicht möglich ist, sein Kanu ohne Unterbrechung über eine Portage zu schleppen.

Diese Gerüste stehen in regelmäßigen Abständen etwa alle 500 m.

Die Kibbee Lake Portage führt durch dichten Laub- und Nadelwald. Die letzten 100 m geht es bergab und die Portage endet auf dem Campsite Nr. 1, der drei bis fünf Abstellflächen bietet, dort wo der Kibbee Creek aus dem Kibbee Lake fließt.

Während einer meiner Touren stolperten meine Begleiter und ich hier fast im wahrsten Sinne des Wortes über ein Stachelschwein. Das Tier nahm vor uns Reißaus und kletterte geschwind auf einen Baum.

Sollte jemand die Portage zum zweitenmal gehen müssen, bitte unter keinen Umständen vergessen, die bereits über die Portage geschaffte Verpflegung und Ausrüstung bärensicher auf dem Cache des Campsite 1 zu verstauen.

Ich möchte alle Raucher bitten, auf den **Portagen nicht zu rauchen**. Die Waldbrandgefahr ist hier aufgrund des dichten Waldbestandes extrem hoch.

Der Blick von Campsite 1 in Richtung **Kibbee Lake** ist überwältigend schön. Der Kibbee Creek wird hier von Bibern zu

Campsite Nr. 20 am Isaac Lake - Blick vom Outhouse

Auf dem Isaac Lake, dem längsten See der Bowron-Lake-Seenkette

einem von dichtem Schilf umgebenen, ruhigen Flußlauf angestaut, der sich dort, wo sich der Biberdamm befindet, in einem Tümpel sammelt. Rechts und links am festen Ufer säumen hohe Nadelbäume den Lauf des Kibbee Creek. Im Hintergrund erheben sich bewaldete und noch bis ins späte Frühjahr schneebedeckte Berge.

Hat man sein Kanu hier zu Wasser gelassen und mit der Ausrüstung und Verpflegung beladen, dann beginnt das richtige Kanuvergnügen.

Nur wenige Minuten folgt man dem Kibbee Creek, dann öffnet sich die Landschaft und der romantisch schöne, von Wald umgebene Kibbee Lake liegt vor einem.

Dieser See ist übrigens nach Frank Kibbee benannt, einem Trapper, der hier viele Jahre lang lebte.

Nach den ersten, meist aufregenden und hektischen Minuten vor dem Aufbruch an der Park Ranger Station, der anschließenden Portage und dem Verstauen der Ausrüstung im Kanu am Kibbee Creek taucht man in eine tiefe Stille und Einsamkeit ein.

Es ist kein Laut zu hören. Nur das markante Rufen des Eistauchers durchdringt manchmal diese Stille.

Nach einer alten Indianerweisheit sagt der Ruf des Eistauchers übrigens gutes Wetter voraus.

Wenn immer ich mit Freunden und Bekannten auf den Bowron Lakes unterwegs gewesen bin, ging es gerade zu Beginn der Tour recht laut und hektisch zu. Spätestens aber beim Einfahren in den Kibbee Lake war von niemandem mehr ein Laut zu hören, so beeindruckend wirkte die Szenerie dieser Wildnis auf jeden einzelnen.

"... Ruhig glitten unsere Kanus durch das spiegelglatte Wasser des Kibbee Lake. Es war Anfang September. Früher Frost in den Nächten hatte bereits die ersten Blätter der Bäume goldgelb gefärbt. Über unseren Köpfen zog ein Osprey - ein Fischadler - seine Kreise.

Plötzlich stieß er mit angelegten Schwingen und weit vorgestreckten Krallen herab, tauchte vor uns in den Kibbee Lake und schwang sich anschließend mit einem stattlichen Fisch in den Fängen wieder empor, um dann auf einem Baum am Ufer aufzuhorsten, wo er begann, seine Beute zu verzehren ..."

Am linken, nördlichen Ufer, etwa nach der halben Paddelstrecke über den Kibbee Lake, befindet sich ein kleines Blockhaus. Wenige Meter davon entfernt gibt es einen weiteren Biberdamm, der den kleinen **Thompson Lake** vom Kibbee Lake trennt.

Der Kibbee Lake ist etwa nach einer halben Stunde durchpaddelt, und man erreicht den Campsite Nr. 2, was gleichzeitig den Beginn der nächsten Portage bedeutet.

Wer die Kanutour erst gegen Mittag begonnen hat, für den ist es eine ideale Möglichkeit, hier am östlichen Ufer des Kibbee Lake sein erstes Lager aufzuschlagen. Der Campsite Nr. 2 ist ein Gruppen-Campsite und von seiner Lage her sehr schön.

Allerdings möchte ich vor den dreisten Erdhörnchen warnen, die es hauptsächlich im Frühjahr gerade auf diesem Campsite recht zahlreich gibt. Diese possierlichen Kerle sind hinter jeder Art von Verpflegung her, und sie scheuen auch nicht davor zurück, diese aus einem Rucksack zu stehlen.

Kibbee Lake - Indianpoint Lake Portage - Indianpoint Lake (8,4 km)

Die 2 km lange Portage, die den Kibbee Lake mit dem Indianpoint Lake verbindet, ähnelt in ihrer Beschaffenheit der ersten Portage.

Obwohl auch auf dieser Portage wieder einige Steigungen zu überwinden sind, ist sie leicht zu gehen. Drei Gerüste - sog. "Canoe Rests" - zum Ablegen der Kanus gibt es. Kurz vor dem Ende der Portage lichtet sich der Wald, und es geht etwas steil hinab zum westlichen Ufer des **Indianpoint Lake**.

Links von der Portage am Ufer des Sees befindet sich der Campsite Nr. 3, der wieder Platz für sechs bis acht Zelte bietet.

Zwei Bear Caches sowie zwei der von der Parkverwaltung neu aufgestellten verschließbaren Metallbehälter zum Verstauen von Verpflegung und Ausrüstung sind vorhanden.

Von dort, wo die Portage am Ufer des Indianpoint Lake endet, hat man einen sehr schönen Blick über den gesamten See, der eine Länge von 6,4 km aufweist. Am rechten Ufer ist die **McCabe Ridge** mit dem 2.100 m hohen Indianpoint Mountain zu sehen.

Die erste von vier Ranger Cabins entlang der Bowron-Lake-Kanuroute, wo auch ein *Emergency Phone* installiert ist, befindet sich ebenfalls am westlichen linken Ufer des Indianpoint Lake.

Nach den ersten wenigen Paddelschlägen auf dem Indianpoint Lake ist diese Cabin vom Kanu aus gut zu erkennen.

Die Campsites Nr. 4, 5, 6 (FS) und 7 werden nach etwa 3 km Paddelstrecke erreicht. Sie befinden sich am linken Ufer, ungefähr nach der ersten Hälfte des Indianpoint Lake.

Die Campsites Nr. 4 und 5 bieten Platz für drei bis fünf Zelte, Campsite Nr. 6 hat sechs bis acht Abstellflächen für Zelte, und Campsite Nr. 7 ist ein Gruppen-Campsite.

Während meiner Touren auf den Bowron Lakes habe ich auf einem dieser Campsites immer das erste Nachtlager aufgeschlagen. Vor allen Dingen deshalb, weil ich den Indianpoint Lake von meiner ersten Tour im Frühjahr 1992 wegen seiner ausgezeichneten Angelmöglichkeiten in Erinnerung hatte.

"... Schnell war nach unserer Ankunft auf dem Campsite Nr. 5 am Indianpoint Lake das Lager aufgebaut. Danach packte ich mein Angelzeug aus und paddelte mit dem Kanu ein paar Meter auf den See hinaus. Schon nach wenigen Minuten zappelte eine prächtige Dolly Varden - eine Art Lachsforelle - am Haken, die später mit noch einem weiteren Exemplar als Abendessen in der Pfanne brutzelte ..."

Es lohnt sich immer, vom Lagerplatz aus die gegenüberliegenden Uferregionen mit dem Fernglas abzusuchen. Sehr

Wasserfall am rechten Ufer des Isaac Lake ☞

häufig kann man dort in den frühen Abendstunden Wild - besonders Elche und Hirsche - beobachten.

Die frühen Morgenstunden in der freien Natur empfinde ich stets als besonders reizvoll. Solche Morgenstunden am Indianpoint Lake sind in meiner Erinnerung noch sehr ausgeprägt.

Man sitzt am Ufer, eine Tasse mit dampfendem Kaffee in der Hand und betrachtet die Landschaft. Leichter Nebel liegt noch über dem Wasser. Die bewaldeten Berge am gegenüberliegenden Ufer sind nur schemenhaft zu erkennen. Hier und dort zeichnen sich immer größer werdende Kreise auf der Wasseroberfläche ab. Fische auf Nahrungssuche. Gelegentlich schnellt ein glänzender Fischkörper aus dem Wasser, um dann mit einem die morgendliche Stille durchdringenden Platschen ins Wasser zurückzufallen.

Es ist eine schon fast mystisch anmutende Szenerie. Ein tiefes Gefühl von Frieden umgibt einen. Nichts kann dieses Gefühl vertreiben. Die Hektik des Alltags und die Zivilisation sind weit entfernt. Es scheint, als ob einem alle Zeit der Welt gehörte.

Langsam löst sich der Nebel auf, die Konturen der Berge werden klarer, und die ersten wärmenden Sonnenstrahlen reflektieren auf dem Wasser des Indianpoint Lake.

Es wird bestimmt ein schöner Tag ...

In der zweiten Hälfte verengt sich der Indianpoint Lake. Kurz vor dem Ende des Sees liegt auf einer bewaldeten Anhöhe mit sehr schönem Ausblick am linken Ufer der Campsite Nr. 8. Dieser Campsite ist zwar sehr klein und bietet lediglich Platz für zwei Zelte, aber zusätzlich gibt es eine kleine gemütliche Sleeping Shelter.

Das Ende des Indianpoint Lake bildet eine von Schilf durchzogene Sumpflandschaft. Farbig markierte Pfosten weisen den Weg durch einen schmalen Kanal, der zum östlichen Ufer des Indianpoint Lake führt, wo sich Campsite Nr. 9 befindet und die nächste **Portage zum Isaac Lake** beginnt.

Dieser Kanal windet sich in mehreren Schleifen auf einer Strecke von etwa 500 m durch diese Sumpflandschaft. Hier bietet sich im Frühjahr die Gelegenheit, viele Arten von Wasservögeln zu beobachten.

Es ist etwas schwierig, am Ende des Indianpoint Lake die Kanus aus dem Wasser zu nehmen. Das Ufer ist sehr schlammig und anschließend recht steil. Man hat erst nach ca. 10 m die Gelegenheit, das Kanu ebenerdig abzusetzen.

Der Campsite Nr. 9 bietet nur Platz für zwei Zelte und er ist nach meiner Auffassung nicht besonders reizvoll.

Indianpoint Lake - Isaac Lake Portage - Isaac Lake (39,6 km)

"... Wir brachen auf, um die Portage zum Isaac Lake zu bewältigen. Das Kanu zu entladen, dann zuerst die Ausrüstung und schließlich das Kanu selbst über die Portage zu tragen; diese kleine Anstrengung war schon zur Routine geworden und nahm nichts von der Faszination dieser Tour ..."

Die Indianpoint Lake - Isaac Lake Portage ist insofern schwieriger als die beiden vorherigen Portagen, weil es zunächst steil bergauf geht. Außerdem ist diese Portage sehr steinig, und es kostet schon einige Mühe, Kanu und Ausrüstung über diese 1,6 km lange Strecke zu befördern. Am Ende dieser Portage muß eine kleine schmale Holzbrücke überquert werden. Bald darauf ist das Ufer des Isaac Lake erreicht.

Ein kurzer Pfad führt vom Ende der Portage links am Ufer entlang zum kleinen Campsite Nr. 10.

Der **Isaac Lake** ist mit einer Länge von 38 km der größte See der Bowron-Lake-Seenkette, was bedeutet, daß eine anständige Paddelstrecke vor einem liegt, die aber durch eine faszinierende Landschaft führt. Der Isaac Lake ist unterteilt in den Westarm mit einer Länge von 6,8 km und einem Hauptarm mit einer Länge von 31,2 km.

21 meist sehr schön gelegene Campsites bieten sich als Lagerplatz entlang des Isaac Lake an.

☝ Allerdings ist bei der Befahrung des Isaac Lake Vorsicht geboten. Hier können sehr plötzlich auftretende Winde und damit verbunden rauhes Wasser dem Kanuten einige Schwierigkeiten bereiten. Vor allem, wenn der Wind von vorne kommt, muß man sich ganz schön ins Zeug legen, um vorwärts zu kommen.

Besonders der Hauparm des Isaac Lake ist für diese plötzlich auftretenden Winde bekannt. Und mit dem Wind ist dann auch unter Umständen mit einem plötzlichen Wetterumschwung zu rechnen.

Ich möchte davor warnen, den Isaac Lake von einem zum gegenüberliegenden Ufer zu kreuzen. Im offenen Kanu in einen Sturm zu gelangen, kann besonders für ungeübte Kanuten schnell eine sehr brenzlige Situation bedeuten. Eine Kenterung in der Mitte des Sees hätte unter Umständen fatale Folgen.

Am besten ist es, man hält sich in der Nähe des linken Ufers, wo sich auch bis auf zwei Ausnahmen alle Campsites befinden.

Neben dem unberechenbaren Wind gibt es noch eine andere Eigenart, die den Isaac Lake für manchen Kanuten etwas schwieriger macht. Bedingt durch die meistens sehr klare Luft ist die Sicht bei gutem Wetter extrem gut. Obwohl der Isaac Lake, was die Länge betrifft, sehr groß ist, kann man vom nördlichen Teil des Hauptarms fast bis an südliche Ende des Sees schauen. Paddelt der Kanute nun etwas weiter vom Ufer weg über den See, so entsteht, wenn man zum rechten oder linken Ufer oder über den ganzen See schaut, der Eindruck, es geht kaum vorwärts.

Das Ende des Isaac Lake scheint greifbar nahe zu sein, in Wirklichkeit sind noch Stunden zu paddeln.

Diese Eigenart nagt an der psychischen Verfassung.

Auch aus diesem Grund empfehle ich, sich in der Nähe des Ufers zu halten, wo man an der dicht vorüberziehenden Landschaft ein Vorwärtskommen eher erkennt. Außerdem ist es ratsam, diesen See in zwei oder drei Etappen zu paddeln.

Der Isaac Lake liegt auf einer Höhe von 948 m über dem Meeresspiegel. Während der Westarm noch von bewaldeten

Abendstimmung am Ende des Isaac Lake

Die Isaac River Falls

Bergen umgeben ist, zeigen sich am Hauptarm die ersten, bis ins späte Frühjahr schneebedeckten Hochgebirgszüge, wie z.B. der **Mount Amos Bowman** mit 2.400 m.

Das Wasser des Isaac Lake ist glasklar und sehr kalt. Angler sollten hier ihr Glück versuchen. Besonders das "Trolling", das Hinterherziehen des Köders während der Kanufahrt, kann erfolgreich sein. Im Isaac Lake gibt es große Seeforellen - *Lake Trouts* - die man mit dieser Methode am ehesten fängt.

An den Ufern des Westarms liegen die jeweils kleinen Campsites Nr. 11 und 12 mit je zwei Abstellflächen sowie der Campsite Nr. 14 mit drei bis fünf Abstellflächen für Zelte. Campsite Nr. 12 liegt als einziger am rechten Ufer.

Campsite Nr. 13, ein sehr schöner Gruppen-Campsite, liegt in der **Wolverine-Bucht** am linken Ufer mit Blick auf den 2.056 m hohen **Wolverine Mountain**.

Unterhalb dieses Berges, dort wo der Wolverine Creek in den Isaac Lake mündet, befindet sich der schöne Campsite Nr. 15 (FS) mit sechs bis acht Abstellflächen und einer Picnic Shelter.

Die Ranger Cabin mit einem *Emergency Telephone* steht in unmittelbarer Nähe rechts von diesem Campsite.

Auf meiner ersten Tour über die Bowron Lakes machten meine beiden Begleiter und ich an dieser Ranger Cabin eine kurze Mittagsrast. Die zu diesem Zeitpunkt anwesenden zwei Park Ranger erzählten uns eine wahre Begebenheit, die sich kurze Zeit vor unserem Eintreffen zugetragen hatte. Die beiden Park Ranger hatten ihr Frühstück eingenommen und danach die restlichen Pfannkuchen auf dem Tisch stehen lassen. Außerdem hatten sie einige gefrorene Steaks zum Auftauen aus ihrer Kühlbox geholt und ebenfalls auf den Tisch gelegt. Danach gingen sie wieder irgendwelchen Arbeiten außerhalb der Hütte nach. Kurze Zeit darauf vernahmen sie ein Rumoren aus ihrer Blockhütte. Einer von ihnen schaute durch ein Fenster hinein und entdeckte einen Schwarzbären, der sich an den Pfannkuchenresten und an den Steaks gütlich getan hatte. Es war nichts mehr davon übriggeblieben.

Gemeinsam konnten sie den Bären aus der Hütte vertreiben.

Die beiden Park Ranger verließen an diesem Tage vor uns mit ihrem Boot den Platz, und als auch wir kurze Zeit später aufbrachen, sahen wir den Schwarzbären aus dem Dickicht zur Hütte zurückkehren. Meister Petz war wohl noch immer hungrig und ahnte eine günstige Gelegenheit.

Campsite Nr. 16 mit drei bis fünf Abstellflächen ist der nächste Campsite am linken Ufer des Isaac Lake.

Nach etwa 2 bis 2½ km folgen die kleinen Campsites Nr. 17 und 18 mit je zwei Abstellflächen.

Campsite Nr. 18 liegt sehr schön am Ufer des im Frühjahr sehr reißenden und eiskalten **Moxley Creek**, der vom Wolverine Mountain herunterstürzt. Auf diesem Campsite befindet sich auch eine kleine Blockhütte - eine Sleeping Shelter. Außen und innen an den Wänden dieser Hütte hängen kleine, zum Teil sehr schöne, kunstvolle Schnitzereien mit Namen und Daten von Bowron-Lakes-Befahrern.

Vor einigen Jahren wollte ich mit zwei Freunden während einer Kanutour von hier aus in einer Tagestour den Wolverine Mountain besteigen. Das Unternehmen scheiterte jedoch nach dreistündigem anstrengenden Marsch am undurchdringlichen kanadischen Urwald.

Vom Campsite 18 am Moxley Creek sind es ungefähr 4 km bis zum Campsite Nr. 19, der drei bis fünf Abstellflächen bietet.

Der Isaac Lake ist an dieser Stelle auf einer Länge von 3 km sehr schmal. Wer den Campsite Nr. 20, einen Gruppen-Campsite, auf den ich später noch ausführlich zu sprechen komme, nutzen will, sollte den See hier auf gerader Linie vom linken zum rechten Ufer überqueren.

Am Anfang dieses Kapitels hatte ich davor gewarnt, den Isaac Lake vom einen zum anderen Ufer zu kreuzen. Um auf den Campsite Nr. 20 zu gelangen, ist dies notwendig, aber es sollte wirklich das einzige Mal bleiben, den Rückweg zum linken Ufer eingeschlossen.

Der **Lynx Creek** ist im Frühjahr ein reißender Gebirgsbach, der, kurz bevor er in den Isaac Lake fließt, sich in mehrere Arme teilt.

⛺ Hier befindet sich Campsite Nr. 21 mit sechs bis acht Abstellflächen. Die Abstellflächen liegen zum Teil zwischen den Armen des Lynx Creek, also auf kleinen Inseln.

Auf dem Campsite Nr. 21 steht auch wieder eine kleine Blockhütte.

Ich persönlich mag diesen idyllischen Campsite, aber wer meint, durch das laute Rauschen des Lynx Creek nicht schlafen zu können, sollte diesen Lagerplatz meiden.

"... Ein traumhafter und erlebnisreicher Paddeltag neigte sich dem Ende zu. Den ganzen Tag schien die Sonne am tiefblauen Himmel, kein Lüftchen wehte. Die bewaldeten Ufer mit den hohen Bergen im Hintergrund spiegelten sich im Isaac Lake. Wir konnten einem Weißkopfseeadler beim Fischen zusehen, und in einer sumpfigen Uferregion entdeckten wir eine Elchkuh.

Die untergehende Sonne tauchte die herbstliche Landschaft bereits in warme, weiche Farben, als wir den Campsite Nr. 20 am rechten Ufer des Isaac Lake am Fuße des 2.100 m hohen Mount Faulkner erreichten.

Am frühen Morgen auf dem Isaac Lake

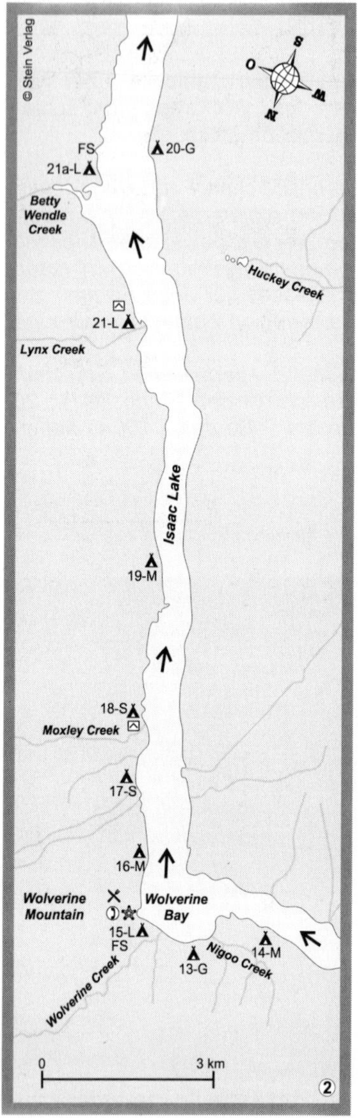

Es war schon recht kühl geworden und am nördlichen Himmel bildete sich eine große Wolke, die sich eine halbe Stunde später wie eine lange Rauchfahne unterhalb der Berggipfel durch das Tal des Isaac Lake zog. Ein faszinierender Anblick, der uns alle fesselte ..."

Der Campsite Nr. 20 ist ein attraktiver Gruppen-Campsite, der unter hohen Western-Hemlock-Tannen angelegt ist. Von den Bäumen hängen Flechten herab; üppig wachsende Farne und großblättrige Pflanzen - "Devil's club" genannt - am anschließenden Steilhang geben einem das Gefühl, man befinde sich in einem tropischen Regenwald.

Vom breiten Uferstreifen aus hat man einen großartigen Blick nach links und rechts über den Isaac Lake mit seinen dichtbewaldeten Bergrücken.

Eine lustige Angelegenheit auf diesem Campsite ist das Outhouse, das sich über natürliche Stufen erreichbar etwas oberhalb am Steilhang befindet.

Von diesem "Stillen Örtchen" kann der Campsite mit seiner Bear Cache und den großzügig angelegten Zelt-Abstellflächen überschaut werden (Natürlich nur bei offener Tür ...!).

Genau gegenüber, auf der anderen Seite des Isaac Lake, befindet sich an der Mündung des **Betty Wendle Creek** der Campsite Nr. 21a (FS) mit sechs bis acht Abstellflächen.

☺ Vom Campsite Nr. 20 aus - von hier aus ist es noch eine etwa dreistündige Paddelstrecke bis zum Ende des Sees - lohnt es sich, auf der rechten Uferseite des Isaac Lake weiterzupaddeln. Einige sehr schöne und spektakuläre Wasserfälle stürzen auf dieser Seite in den Isaac Lake und bieten interessante Fotomotive.

"... Als wir uns dem breiten Wasserfall nähern, kommt plötzlich eine Otterfamilie auf uns zugeschwommen. Die Mutter mit ihren vier Jungtieren beäugen uns neugierig ohne Scheu aus unmittelbarer Nähe und veranstalten durch ihr Gekeckere ein lautes Spektakel ..."

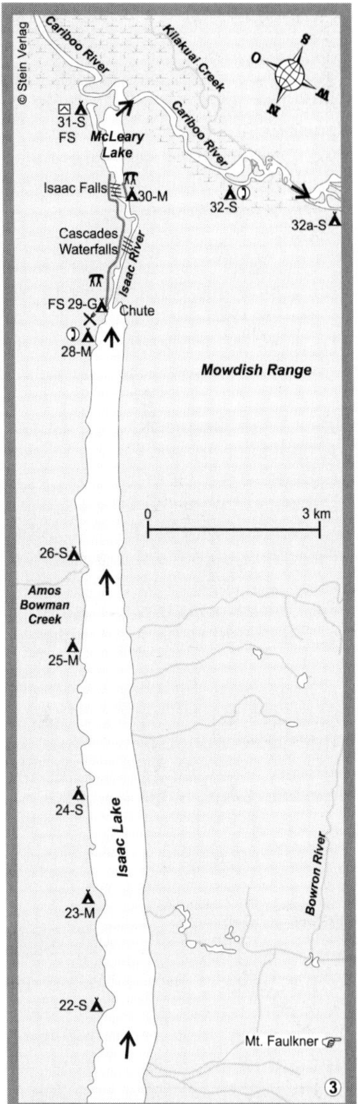

⛺ Wer noch einmal vor dem Ende des Isaac Lake übernachten will, der muß nach dem Campsite Nr. 20 den See zwangsläufig erneut kreuzen, denn die Campsites Nr. 22, 23, 24, 25 und 26, drei kleine mit je zwei Abstellflächen und zwei mittlere mit drei bis fünf Abstellflächen, befinden sich alle an der linken Uferseite.

Am südlichen Ende des Isaac Lake verläßt der Isaac River als *Chute*, als Stromschnelle, den See. (Darüber später mehr.) Kanuten, die am rechten Ufer entlangpaddeln, sollten rechtzeitig zum gegenüberliegenden Ufer kreuzen, um nicht in den Sog dieses Ausflusses zu gelangen.

⛺ Der Campsite Nr. 28, ein Campsite mit drei bis fünf Abstellflächen und ☽, und Campsite Nr. 29 (FS), ein Gruppen-Campsite mit einer Shelter (✕), liegen hier am Ende des Isaac Lake dicht nebeneinander.

Diese Campsites sind sehr stark frequentiert, denn viele Paddler nutzen sie zur Rast nach der langen Paddelstrecke über den Isaac Lake. Aber es ist genug Platz für alle da. Die Shelter ist groß und hat einen Ofen, wo man unter Umständen seine Kleidung und Ausrüstung trocknen kann.

Hier, am südlichen Ende des Sees, können die Wetterverhältnisse extrem wechselhaft sein. Fallwinde aus der **Mowdish Range** verwandeln den Isaac Lake oft in einen wahren Hexenkessel. Schnee- und Hagelschauer sind im Frühjahr und Herbst, ja selbst auch in den Sommermonaten möglich.

Die beiden Campsites bieten allerdings genügend Schutz vor solch schlechten Wetterverhältnissen.

Isaac River - McLeary Lake (4 km)

"The Chute" - die breite Stromschnelle, mit der der Isaac River aus dem Isaac Lake fließt - habe ich bereits kurz erwähnt.

Das Ding hat so seine Eigenarten und sollte vor dem Befahren gründlich studiert werden. Dies ist möglich, indem man vom Campsite Nr. 29 am bewaldeten Ufer zum Fluß hinuntersteigt.

Warten auf Wetterbesserung auf dem Campsite Nr. 35 am Lanezi Lake

Rast am McLeary Lake

Grundsätzlich sollten nur erfahrene Kanuten diese Stromschnelle befahren. Auf der anderen Seite macht es aber auch sehr viel Spaß, und es ist ein gewisser Nervenkitzel, auf dem wilden, schäumenden Wasser des Flusses den Isaac Lake zu verlassen.

Aber es ist Vorsicht geboten. Die Stromschnelle ist etwa 30 m lang, knickt dann rechtwinklig ab und fließt als leichtes Wildwasser in südliche Richtung. Durch das plötzliche Abknicken des Flusses entstehen Kehrwasser und Wirbel, und es bedarf schon einiger gezielter und kräftiger Paddelschläge, um das Kanu in die richtige Richtung zu steuern.

Ein Querstellen des Kanus im vollen Stromzug bedeutet eine sichere Kenterung, wie ich bei meiner letzten Tour auf den Bowron Lakes am eigenen Leibe erfahren habe.

Durch einen Steuerfehler stellte sich mein Kajak quer, und ehe ich mich versah, nahm ich ein unfreiwilliges Bad im eiskalten Fluß.

Übrigens sehr zur Erheiterung meiner Begleiter, die das Geschehen vom Ufer aus beobachteten und fotografierten.

Solch eine Kenterung ist halb so schlimm, wenn man vor Befahren der Stromschnelle ein paar Dinge beherzigt: Ausrüstung und Kleidung werden über die Portage an der kritischen Stelle vorbei umtragen. Danach läuft man zurück und befährt mit angelegter Schwimmweste (!) im leeren Kanu die Stromschnelle und die etwa 1.000 m lange leichte Wildwasserstrecke.

So ist die Gefahr, bei einer Kenterung eventuell Kleidung und Ausrüstung zu verlieren, ausgeschlossen.

Wie schon gesagt, die Befahrung dieser Stromschnelle mit der anschließenden Wildwasserstrecke macht sehr viel Spaß und bringt ein wenig Abwechslung in den Paddelalltag, aber jedes Risiko sollte vermieden werden.

Übrigens ist die Stromschnelle mit den Kehrwassern und Wirbeln ein ideales Fischgewässer. Vom Ufer aus ist es leicht möglich, seinen Köder auszuwerfen.

Ich hatte bei meinen Touren an dieser Stelle immer "Petri Heil" und konnte den Speiseplan unserer Wildnisküche mit selbstgefangenem Fisch anreichern.

Der erste befahrbare Teil des Isaac River endet an einem Hinweisschild auf der linken Flußseite. Ab hier wird der Isaac River auf eine Länge von etwa 800 m zum unbefahrbaren Wildwasser. Das Kanu muß, wie schon die Ausrüstung vorher, über die kurze Portage transportiert werden. Nach dieser Portage, die am linken Ufer des hier brodelnden und tosenden Isaac River vorbeiführt, ist eine Befahrung des Flusses mit leicht fließendem Gewässer auf einer Länge von etwa 1.000 m erforderlich, bevor eine weitere Warntafel auf den **Isaac-River-Wasserfall** hinweist. Kanu und Ausrüstung müssen am rechten Ufer des Flusses über die kurze, aber unangenehmste Portage an dem Wasserfall vorbei transportiert werden. Diese Portage ist sehr schmal. Im Boden liegende, größere Steine und quer über die Portage wachsendes Wurzelwerk bereiten ein paar Probleme.

Es sollte nicht versäumt werden, den Isaac-River-Wasserfall zu besichtigen, der hier 11 m in die Tiefe stürzt. Unbefahrbares Wildwasser, aber ein sehenswertes Naturschauspiel.

Ein kurzer Trail führt von der Portage aus zu diesem Wasserfall.

Hat man das Ende der Portage erreicht, steht man am Ufer des Isaac River, der hier seine Wildheit verloren hat und nach einer Linkskurve wenige Meter weiter in den McLeary Lake mündet.

Am Ende dieser Portage befindet sich auch der Campsite Nr. 30 mit drei bis fünf Abstellflächen.

Führt der Isaac River Niedrigwasser, so ist nach der Portage das Einsetzen der Kanus in den Fluß nicht ganz unproblematisch, da Boote und Ausrüstung über sehr steiniges Ufer bis zum Wasser getragen werden müssen.

Der **McLeary Lake** liegt in einem weiten bewaldeten Tal, das links und rechts von Gebirgszügen eingerahmt ist. Das Wasser des McLeary Lake ist sehr klar und der See nicht sehr tief, so daß man manchmal große Fischschwärme auf dem Grund sehen kann.

Am linken Ufer des Sees, ungefähr in der Mitte, liegt der Campsite Nr. 31 (FS), ein kleiner Campsite mit zwei Abstellflächen und einem kleinen Blockhaus.

Bei diesem Blockhaus handelt es sich um die Cabin des alten Trappers Fred Becker, der am McLeary Lake um 1930 seine *trapline* - seine Fallenstellerstrecke - hatte.

Vom Ufer aus hat man einen sehr schönen Blick über den McLeary Lake und die umliegenden Berge. Ich habe während meiner Touren auf den Bowron Lakes immer eine kurze Rast am McLeary Lake eingelegt, eine heiße Suppe gegessen, Kaffee getrunken und die friedvolle Landschaft genossen, bevor es dann weiterging zum schwierigsten Teil der Bowron-Lake-Kanuroute. Und dies ist ohne Zweifel der Cariboo River.

Cariboo River - Lanezi Lake (20 km)

Milchigtrüb ist das Wasser des Cariboo River. Es ist Gletscherwasser, das aus den Cariboo Mountains kommt. Auf dem Cariboo River geschehen die meisten Unfälle mit Kanuten, obwohl der Fluß kein Wildwasser führt. Vielmehr windet er sich eher träge in vielen Schleifen über 5,2 km vom südlichen Ende des McLeary Lake zunächst bis in den Lanezi Lake.

Und doch birgt der Cariboo River Gefahren für die Kanuten. Umgestürzte Bäume, kleine und auch große Dämme aus angeschwemmtem Treibholz, Wirbel, "tote Arme" und Untiefen bieten Hindernisse, die Kanuten in arge Schwierigkeiten bringen können. Teilweise liegen diese Hindernisse, wie z.B. umgestürzte Bäume und Treibholz, dicht unter der Wasseroberfläche, wo sie aufgrund des trüben Wassers nicht oder erst sehr spät gesehen werden können.

Abendstimmung am Lanezi Lake ☞

Im Frühjahr, zur Zeit der Schneeschmelze, wenn der Cariboo River viel Wasser führt, ist dieses kein allzu großes Problem. Aber bei niedrigem Wasserstand, wie es im Herbst häufig der Fall ist, muß man höllisch aufpassen, um nicht mit dem Kanu auf ein solches Hindernis aufzufahren. In diesem Fall ist eine Kenterung wahrscheinlich.

Die Flußlandschaft des Cariboo River verändert sich ständig. Immer wieder sucht sich der Fluß neue Wege. So entstehen "tote Flußarme". Einmal in einen dieser "toten Arme" hineingefahren, hat man große Schwierigkeiten, wieder hinauszukommen.

Oberstes Gebot für alle Kanuten auf dem Cariboo River ist **höchste Aufmerksamkeit**.

Bis auf die folgende Ausnahme sollte man immer in der Hauptströmung in der Mitte des Flusses fahren. Vor einigen Jahren hat sich der Cariboo River im letzten Drittel, bevor er in den **Lanezi Lake** mündet, ein neues Flußbett gesucht. Zwei große Hinweistafeln weisen den Weg nach rechts durch einen Nebenarm, der früher einmal der Hauptarm war. Unter keinen Umständen sollte man hier dem jetzigen Hauptarm folgen.

Während meiner letzten Tour auf den Bowron Lakes wurde mir auf der Becker's Lodge berichtet, daß zwei Kanuten an dieser Stelle dem neuen Hauptarm gefolgt waren. Sie kenterten und verloren das Kanu nebst der gesamten Ausrüstung.

Also noch einmal: An den Hinweistafeln äußerst rechts halten und in den Nebenarm fahren. Im Herbst, bei geringerem Wasserstand, ist es in diesem Nebenarm unter Umständen notwendig, das Kanu zu treideln, d.h. an einem Seil hinter sich herzuziehen, weil zu wenig Fahrwasser vorhanden ist.

Der Nebenarm macht nach etwa 200 m eine scharfe Rechtskurve. Direkt nach dieser Kurve versperrt ein riesiger Treibholzhaufen bis auf einen schmalen Durchlaß den Weg.

Im Fall, daß der Nebenarm genug Fahrwasser führt, sollte man vor dieser Rechtskurve anlanden - eine Sandbank auf der rechten Seite ermöglicht dies - und das Hindernis in Augenschein nehmen.

Übrigens ist der Cariboo River in der Streckenkarte (☞ Reise-Infos von A bis Z, Karten) detailliert eingezeichnet und beschrieben.

Ich möchte hier nicht den Eindruck erwecken, beim Cariboo River handelte es sich um einen Streckenabschnitt voller Gefahren und Tücken auf der Bowron-Lake-Kanuroute. Dem ist nicht so. Aufmerksame und vorsichtige Kanuten dürften mit dem Fluß keine Probleme haben. Während keiner meiner Touren hatten meine Begleiter und ich hier ernsthafte Schwierigkeiten.

Das Kanufahren auf diesem Flußabschnitt ist spannend. Die Landschaft, durch die sich der Cariboo River schlängelt, ist sehr reizvoll. Mit ein wenig Glück sind hier sogar Karibus zu sehen.

Nachdem man den McLeary Lake verlassen hat, führt die Fahrt in den von links aus dem Gebirge kommenden, gemächlich fließenden **Cariboo River**. Auf der rechten Uferseite bestimmen sanft ansteigende, dichtbewaldete Berge das Landschaftsbild, während der linke Uferstreifen mit dichtem, undurchdringlichem Buschwerk und nur spärlichem Baumbewuchs durchzogen ist.

Es ist reizvoll, auf einer der vielen Sand- und Kiesbänke im Flußbett des Cariboo River eine kleine Rast einzulegen. An einigen dieser Stellen ist das Anlanden mit dem Kanu problemlos möglich.

⛺ Wenige hundert Meter bevor der **Kilakuai Creek** in den Cariboo River fließt, befindet sich auf der rechten Seite der Campsite Nr. 32 mit zwei Abstellflächen. (Die bereits erwähnte kritische Stelle des Cariboo River liegt bereits hinter einem.) Die Parkbehörde plant hier, für die auf dem Cariboo River in Schwierigkeiten geratenen Kanuten ein *Emergency Telephone* zu installieren. Sollte dieser Plan mittlerweile verwirklicht worden sein, so ist dies auf jeden Fall in der aktuellen Streckenkarte zu erkennen.

Nach einer weiteren kurzen Paddelstrecke auf dem Cariboo River macht der Fluß einen großen Bogen nach rechts und man erreicht die Stelle, wo der Cariboo River in den 14,8 km langen **Lanezi Lake** mündet. Hier kann es passieren, daß einem ein anständiger Wind ins Gesicht bläst, der vom gewaltigen, 2.530 m hohen **Ishpa Mountain** auf den See herabfällt.

Man muß sich ganz schön ins Zeug - oder besser gesagt - in die Paddel legen, um bei solchem Gegenwind vorwärts zu kommen.

Sollte der Wind zu stark sein, ist es ratsam, an Land abzuwarten, bis der Wind abflaut.

⛺ Der Campsite 32a, wieder ein kleiner Campsite mit zwei Abstellflächen, befindet sich kurz nach der Mündung des Cariboo River auf der rechten Uferseite des Lanezi Lake.

Übrigens sind auch alle weiteren Campsites am Lanezi Lake auf der rechten Uferseite angelegt. Wie auch auf dem Isaac Lake sollte man wegen der Windgefahr vermeiden, den Lanezi Lake vom einen zum anderen Ufer zu kreuzen. Also am rechten Ufer bleiben, wo die Campsites leicht erreichbar sind.

Steil ragen zu beiden Seiten des Lanezi Lake die bis zur Baumgrenze mit Hemlock-Fichten und Zedernbäumen bewachsenen Berghänge empor. Die Gipfel dieser Berge sind häufig bis auf wenige Wochen im Sommer das ganze Jahr über mit Schnee bedeckt.

⛺ Dort, wo der **Turner Creek** aus dem Gebirge in den Lanezi Lake schießt, befinden sich die Campsites 33 und 34. Der Campsite 33, ein Gruppen-Campsite, liegt an der rechten Uferseite des Turner Creek, Campsite 34 (FS), ein Campsite mit drei bis fünf Abstellflächen und einer gemütlichen Shelter (🍴), an der linken Seite.

Im Frühjahr 1996, zur Zeit der Schneeschmelze, wurde der Campsite 33 durch den Turner Creek total weggewaschen.

Als ich im Herbst 1996 auf den Bowron Lakes unterwegs war, konnte man diesen Campsite schon wieder benutzen. Die Crews der Parkverwaltung hatten schnell gearbeitet.

🎣 An der Stelle, wo der Creek in den Lanezi Lake mündet, ist das Angeln oft sehr ergiebig. Forellen stehen dort in der

Auf dem Rum Lake, der idyllisch nordöstlich vom Unna Lake liegt

Die Cariboo-Wasserfälle sind auf jeden Fall einen Abstecher wert

Mündung und sind auf der Suche nach Nahrung, die mit dem Creek in den See gespült wird.

Von beiden Campsites hat man einen spektakulären Blick auf den Ishpa Mountain am gegenüberliegenden Ufer des Lanezi Lake.

Mit etwas Glück kann man mit dem Fernglas die scheuen Bergziegen - die *Mountain Goats* - in der Gipfelregion beobachten.

An schönen, sonnigen Tagen, wenn kein Wind weht, und ganz besonders im Herbst zur Zeit des Indian Summer bietet der Lanezi Lake ein faszinierendes Landschaftsbild.

Nahe am Ufer des Sees und in den Schneisen, die an den Berghängen durch Lawinenabgänge entstanden sind, wachsen neben den Nadelbäumen belaubtes Buschwerk und Pappeln. Die Blätter dieser Bäume und Büsche färben sich im Herbst von goldgelb bis leuchtend rot.

Wie bunte Teppiche zwischen dem dunklen Grün der Nadelbäume ragen die wieder bewachsenen Lawinenschneisen von den Berghängen bis in den See herab und spiegeln sich mit den Laubbäumen am Ufer und den schneebedeckten Gipfeln der Berge im spiegelglatten, türkisfarbenen Wasser des Lanezi Lake.

Lautlos gleitet das Kanu durch die Stille dieser herrlichen Landschaft. Man verweilt, läßt die Paddel ruhen und genießt die Schönheit dieser grandiosen Natur.

"... Das Wetter sah nicht gut aus an diesem Morgen. Dichte Wolken umgaben den Gipfel des Ishpa Mountain und ließen nichts Gutes ahnen. Der Wind kräuselte das Wasser des Lanezi Lake. Wir beeilten uns mit dem Abbau des Lagers, um möglichst bald lospaddeln zu können, bevor der Wind noch weiter auffrischte.

Nachdem wir etwa fünfzehn Minuten unterwegs waren, pfiff uns starker Wind ins Gesicht und hohe Wellen kamen schräg von vorne. Das Paddeln bereitete uns große Mühe, und wir hatten Probleme vorwärts zu kommen.

Nachdem ein Kanu fast kenterte, entschieden wir uns, am nächsten Campsite anzulanden und dort abzuwarten, bis der Wind sich legte.

Vom Campsite Nr. 34, wo wir übernachteten, bis zum Campsite Nr. 35 sind es nur knapp drei Kilometer. Wir benötigten für diese Strecke fast eineinhalb Stunden!

Als wir dort ankamen und nur mit Mühe anlanden konnten - der Ufersaum war schmal und sehr steinig -, erkannten wir, daß noch eine andere Gruppe mit acht Personen auf diesem Campsite vor dem Wind Zuflucht gesucht hatte. Der Campsite Nr. 35 ist ausgelegt für max. zwei Zelte. Wir drängten uns also auf engstem Raum zusammen, tranken Kaffee, aßen eine Kleinigkeit und überlegten, was wäre, wenn wir alle hier übernachten müßten. Dies hätte ein ernsthaftes Problem dargestellt, denn am Rande dieses Campsites ragte dicht bewaldetes Steilufer empor. Dort geeignete Schlafplätze zu finden, war hoffnungslos. Gott sei Dank ließ der Wind fast drei Stunden später nach und wir konnten weiterpaddeln ..."

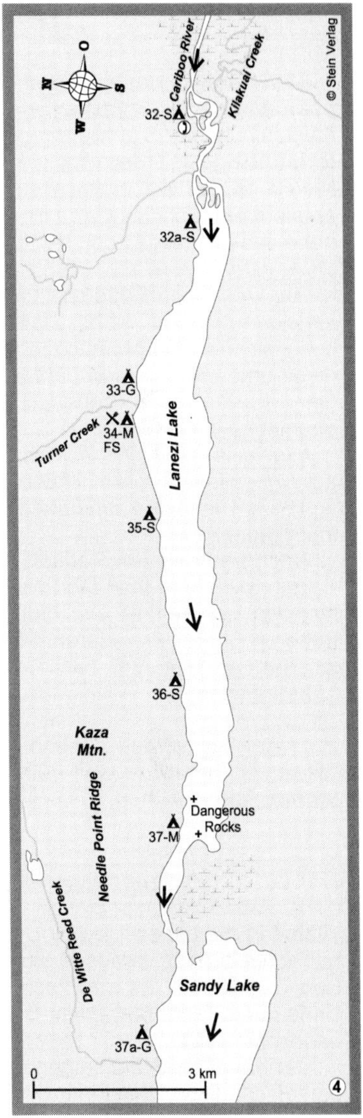

Der Lanezi Lake wird jetzt etwas schmaler. Etwa in Höhe des Campsite Nr. 36, einem kleinen Campsite mit zwei Abstellflächen, wird der Blick zum rechten Ufer hin frei auf die **Needle Point Ridge** mit dem majestätischen 2.499 m hohen **Kaza Mountain**. Es soll möglich sein, über die durch eine Lawine entstandene Schneise vom See her den Berg zu besteigen. Ich habe das allerdings noch nicht ausprobiert.

Am westlichen Ende des Lanezi Lake sind in der Streckenkarte zwei Punkte mit der Bemerkung "Dangerous Rocks" gekennzeichnet. Hierbei handelt es sich um zwei Felsblöcke, die direkt unter der Wasseroberfläche liegen. Meist ist ein Teil des einen Felsblocks zu sehen. Er ragt knapp über die Wasseroberfläche hinaus.

Wer sich nahe am rechten Ufer hält, läuft nicht in Gefahr, auf eines dieser beiden Hindernisse aufzulaufen.

10 bis 15 m hohe zerklüftete Klippen ragen hier am Ufer steil in die Höhe.

Nach einer kurzen Paddelstrecke ist das Ende des Lanezi Lake erreicht und man fährt wieder auf dem Cariboo River, der hier den See verläßt. Der Fluß hat allerdings viel von seinem früheren Charakter verloren. Vielmehr gleicht er einem schmalen, flachen See, der nach einem kurzen Stück den **Sandy Lake** erreicht.

Ѧ Am Ausfluß des Cariboo River aus dem Lanezi Lake liegt der landschaftlich reizvoll gelegene Campsite Nr. 37 mit drei bis fünf Abstellflächen.

Cariboo River - Sandy Lake (6 km)

Während der Lanezi Lake noch von bis zu 2.500 m hohen Bergen umgeben ist, verändert sich die Landschaft ab dem Sandy Lake zusehends. Es wird flacher. Die Berge rücken in weitere Entfernung. Dicht bewaldete Berge und Hügel bestimmen das Landschaftsbild.

Der Sandy Lake hat seinen Namen übrigens aufgrund seiner breiten sandigen Uferstreifen.

Aufbruch am Unna Lake ...

... Richtung Babcock Lake, wo man eventuell Elche beobachten kann

"... Am Sandy Lake errichteten wir unser Lager auf dem Campsite Nr. 38, einem großen Campsite mit schönem, sandigem Strand. Von unserem Lagerplatz aus bot sich uns ein eindrucksvolles Panorama. Die Sonne stand tief am Horizont und tauchte die Landschaft in ein warmes Licht. Ein idyllisches Plätzchen! Abgesehen von Myriaden von Moskitos! Ein ordentliches Lagerfeuer hielt uns die Plagegeister einigermaßen vom Leibe ..."

4,8 km lang ist der Sandy Lake. Aufgrund seiner geringen Tiefe ist der See recht warm und lädt zum Bade ein.

Drei Campsites sind in kurzen Abständen am rechten Seeufer angelegt: Campsite Nr. 37a, ein Gruppen-Campsite, Campsite Nr. 38 und Nr. 39 mit jeweils sechs bis acht Abstellflächen.

Der **De Witte Reed Creek**, der in der nordöstlich vom Sandy Lake gelegenen Mowdish Range entspringt, speist den Sandy Lake neben dem Cariboo River. Der Creek mündet zwischen Campsite Nr. 37a und 38 in den See.

Genau gegenüber, am südlichen Ufer des Sandy Lake, beginnt ein kurzer, knapp ein Kilometer langer Trail, der zum **Hunter Lake** führt. Camping und Lagerfeuer sind am Hunter Lake nicht erlaubt.

Hat man auf einem der drei Campsites übernachtet, so ist es am anderen Morgen nur noch eine kurze Distanz, bis man wieder auf dem Cariboo River paddelt.

Cariboo River - Unna Lake - Babcock Creek (4 km)

Der Cariboo River ist ab hier auf einer Strecke von 3,6 km etwa 15 m breit. Links und rechts am Ufer bildet dichter Wald eine Gasse, durch die der Fluß mit nur geringer Strömung fließt. Sumpfige Uferstreifen machen ein Anlanden so gut wie unmöglich.

Es ist ein sehr schöner Streckenabschnitt. Der Fluß birgt keinerlei Gefahren.

Man kann sich mit der schwachen Strömung treiben lassen und entspannt die Natur genießen.

Wer hier am späten Nachmittag und bei schönem Wetter paddelt, der sollte es nicht versäumen, sich einmal umzudrehen und in gerader Linie über den Cariboo River zurückzuschauen.

Dort sind im Hintergrund die beiden Bergspitzen des Ishpa Mountain zu sehen, die - durch die tiefstehende Sonne angestrahlt - glühend leuchten.

Der Fluß, von den Sonnenstrahlen nicht mehr erreicht, strömt dahin als dunkel schimmerndes Band, links und rechts eingerahmt durch eine dunkle Wand von Bäumen und im Hintergrund die leuchtenden Berggipfel. Es ist ein herrlicher Anblick, von dem man gar nicht loslassen möchte!

☺ Hier noch ein Tip: In diesen Regionen, d.h. vom Cariboo River bis zum Bowron River (davon später), besteht die große Chance, auf Elche zu treffen. Verhalten

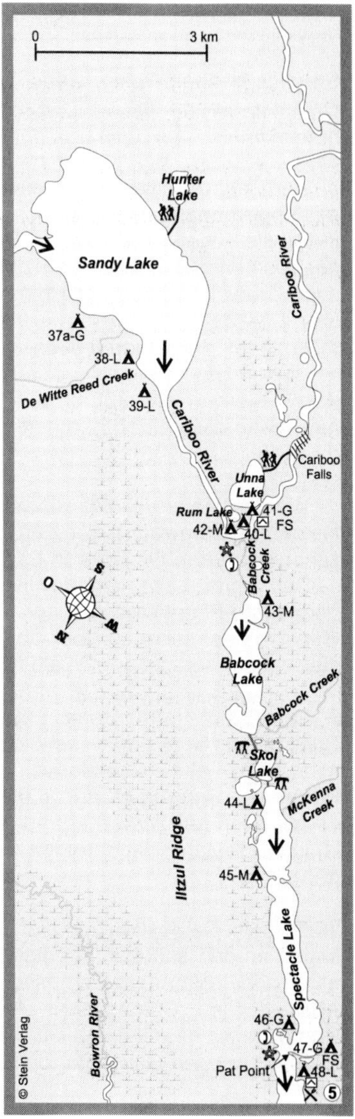

Sie sich deshalb ruhig, wenn Sie im Kanu sitzen, vermeiden Sie laute Gespräche und Gesänge. Elche haben ein sehr feines Gehör.

Der Cariboo River zieht weiter seine ruhige Bahn. Fast geht es nur geradeaus, bis sich nach wenigen Kilometern ein breites Flußdelta öffnet. Dort biegt der Cariboo River nach links ab. Auf der rechten Seite sieht man die schmale Mündung des Babcock Creek, die mit einer kleinen Hinweistafel gekennzeichnet ist.

Zunächst folgt man jedoch noch 400 m dem Cariboo River am linken Ufer, bis eine große Hinweistafel vor der Weiterfahrt warnt. Hier auf keinen Fall weiterfahren, es besteht Lebensgefahr, denn etwa einen Kilometer weiter stürzt der Fluß 24 m in die Tiefe.

Wenige Meter vor der Hinweistafel führt am linken Ufer ein kleiner, schilfbewachsener Kanal in den **Unna Lake**, einen der schönsten Seen der Bowron-Lake-Seenkette.

Der Unna Lake liegt idyllisch eingebettet, umgeben von Lodgepole-Pine-Wald, in der Landschaft. Die umliegenden Gebirgsgipfel schauen über den Bäumen hervor und spiegeln sich zusammen mit dem Wald im glasklaren Wasser des Sees.

Nordöstlich vom Unna Lake, unterbrochen durch einen Schilfgürtel, liegt der wesentlich kleinere, aber ebenso idyllische **Rum Lake**. Normalerweise kann der Rum Lake mit dem Kanu vom Unna Lake durch den Schilfgürtel erreicht werden, es sei denn, der Wasserstand ist sehr niedrig. Aber auch das ist kein Problem. Dann treidelt man das Kanu durch den Schilfgürtel.

Drei Campsites und eine kleine Cabin (Sleeping Shelter) liegen an den schönen sandigen Ufern beider Seen geschützt unter hohen Bäumen: Campsite Nr. 40 (FS) mit sechs bis acht Abstellflächen, Campsite Nr. 41, ein Gruppen-Campsite, und Campsite Nr. 42 mit drei bis fünf Abstellflächen.

Der Gruppen-Campsite befindet sich am Ufer des Rum Lake.

Bevor der Babcock Lake erreicht wird: Treideln im Babcock Creek

Gelegentlich muß eine Biberburg im Babcock Creek überwunden werden

Alle Campsites sind recht großzügig angelegt und bieten ausreichend Platz. Das ist auch gut so, denn der Unna Lake wird aufgrund seiner traumhaften Lage von den meisten Kanuten angefahren. Die Landschaft ist es wert, daß man ein oder zwei Tage hierbleibt, was auch viele Kanuten machen.

Allein schon die Besichtigung der **Cariboo-Wasserfälle** - übrigens ein Muß auf der Bowron-Lake-Tour - erfordert eigentlich eine zweite Übernachtung am Unna Lake. Zwar gibt es ganz Eilige, die die Tour in einem Tag schaffen, aber ich persönlich finde das zu schade, dieses imposante Naturschauspiel im Eiltempo "mitzunehmen".

"... Es war ein harter Paddeltag gewesen. Regen und starker Gegenwind hatten uns sehr zu schaffen gemacht. Wir waren frühmorgens am Lanezi Lake gestartet und wollten bis zum Unna Lake paddeln und dort zwei Tage bleiben.

Erst am frühen Abend, die Dämmerung hatte bereits eingesetzt, erreichten wir den Unna Lake.

Das Wetter war besser geworden. Regen und Wind hatten aufgehört und es klarte auf. Schnell war das Lager aufgebaut und ein anständiges Abendessen zubereitet. Der anstrengende Tag hatte uns doch alle sehr geschafft.

Zu später Stunde standen wir noch am Ufer des Unna Lake und schauten in den nun klaren fantastischen Sternenhimmel. Es war kalt geworden. Eine dünne Eisschicht zog sich über die am Ufer liegenden umgedrehten Kanus. Fröstelnd verzogen wir uns in die Zelte und krochen in unsere Schlafsäcke.

Am anderen Morgen erwachte ich als erster. Es war noch früh. Dichte Nebelschwaden lagen über dem Unna Lake. Nur schemenhaft konnte ich den Wald und die Berge im Hintergrund durch den Nebel erkennen.

Einen heißen Kaffee in den Händen haltend, stand ich am Ufer und schaute auf das Wasser hinaus und genoß diese romantische Stimmung. Ein einsamer Paddler zog mit seinem Kajak geräuschlos vorüber. Ein Frühaufsteher, der wohl sein Anglerglück in den frühen Morgenstunden versuchen wollte.

Der Nebel lichtete sich langsam, und am Himmel zeigten sich die ersten blauen Flecken; die ersten Anzeichen für einen sonnigen Tag ..."

Das Ufer des Unna Lake, dort wo auch die Campsites angelegt sind, ist eigentlich eine kleine Halbinsel oder Landzunge. In Norden bzw. Nordwesten dieser Halbinsel fließt der Cariboo River, im Süden liegen der Unna Lake und der kleine Rum Lake.

Durch die dicht bewaldete Halbinsel ziehen sich kreuz und quer viele schmale Wildpfade, über die man kurze Wanderungen unternehmen kann. Es ist schön, am späten Nachmittag, wenn die Sonne nicht mehr ganz so hoch am Himmel steht, am Ufer des hier noch ruhig und friedlich fließenden Cariboo River zum Rum Lake entlangzuwandern.

Während meiner ersten Tour auf den Bowron Lakes trabte hier am Unna Lake eine Elchkuh mit zwei Kälbern am hellichten Tag direkt an unserem Lager vorbei. Die Tiere waren keine 10 m von uns entfernt, und wir konnten so einige tolle Fotos schießen (☞ Seite 47).
Wie mir andere Kanuten und Guides von der Becker's Lodge erzählten, ist dies am Unna Lake kein ungewöhnliches Ereignis. Ich habe auf späteren Touren auch immer wieder Elche in dieser Region gesehen.

Genau gegenüber den Campsites am Unna Lake, am anderen, südlichen Ufer, beginnt der Trail, der zu den Cariboo-Wasserfällen führt. Nachdem man mit dem Kanu den See überquert hat, ist es eine lockere, etwa 15minütige Wanderung über 1,5 km bis zu den Wasserfällen.

Vom Ufer aus zunächst leicht bergan führend, schlängelt sich der gut begehbare schmale Trail anschließend durch Lodgepole-Pine-Wald, bis man nach wenigen Minuten am Steilufer oberhalb des Cariboo River angelangt ist. Hier biegt der Trail scharf nach links bergab. Nun ist Vorsicht geboten. Glitschiger Untergrund und Wurzeln, die über den Trail wachsen, machen das Gehen etwas problematisch.

"... Wir hatten den Unna Lake überquert und machten uns auf den 15minütigen Fußmarsch zu den Cariboo-Wasserfällen.

Das Tosen der Fälle hatten wir bis zu unserem Campsite am Unna Lake gehört.

Uns bot sich ein eindruckvolles Bild. Wir kannten den Cariboo River nur als trägen und eher harmlosen Fluß. Hier aber gebärdet er sich wild und ungezähmt. 24 m donnern die Wassermassen in die Tiefe ..."

Vom Trail aus bietet sich ein spektakulärer Blick auf dieses Naturschauspiel. Bei Sonnenschein zieht sich ein Regenbogen durch die Wasserschwaden, die durch den Druck der Fälle wie ein Nieselregen flußabwärts getragen werden. Gischt spritzt hoch und die Umgebung ist feucht wie ein tropischer Regenwald (☞ Seite 79).

Durch das Tosen der Wasserfälle kann man sein eigenes Wort kaum verstehen.

Der Trail führt noch weiter flußabwärts, ist aber teilweise verschlammt, mit Wurzelwerk und Gestrüpp überwachsen und daher recht unübersichtlich. Gutes Schuhwerk ist empfehlenswert.

Nach etwa 100 m flußabwärts hat man von einem breiten, steinigen Uferstreifen noch einmal einen sehr schönen Blick auf die Wasserfälle. Hier lohnt es sich, ein kleines Picknick zu machen.

Wenn es am Unna Lake regnet, bietet die kleine Cabin oberhalb der Campsites guten Schutz. Die Hütte ist mit einem Yukonofen ausgestattet und recht gemütlich.

Während einer Tour, wir hatten sehr schlechtes Wetter am Unna Lake, haben mein Begleiter und ich mit anderen Kanuten einen ganzen Tag in der Hütte verbracht. Es war richtig urig. Wir haben Bannock - Trapperbrot - gebacken, Kaffee und Tee getrunken und über das Erlebnis Bowron Lakes gesprochen.

Es war interessant, einmal zu hören, was andere auf dieser Tour erlebt hatten.

Morgenstimmung am Unna Lake

Rast am Spectacle Lake

Babcock Creek - Babcock Lake (4 km)

Vom Unna Lake aus gilt es zunächst, die 400 m den Cariboo River stromauf bis zur Mündung des Babcock Creek zu paddeln. Aber dies stellt kein großes Problem dar.

Sollte die Strömung des Cariboo River - dies ist abhängig vom Wasserstand - etwas kräftiger sein, so ist es sinnvoll, sich ganz am rechten Ufer zu halten. Dort ist der Stromzug geringer und das Paddeln entsprechend leichter.

Um zur Mündung des Babcock Creek zu gelangen, ist es notwendig, den Cariboo River zum linken Ufer zu kreuzen, was aber auch kein Problem ist.

Der **Babcock Creek** ist die Verbindung vom Cariboo River zum Babcock Lake. Der Creek entspringt südlich des Sees, fließt durch ihn hindurch und mündet schließlich in den Cariboo River.

Er ist sehr schmal, nicht sehr tief und mit einigen Biberdämmen durchzogen, die für Kanuten je nach Höhe mehr oder weniger körperliche Arbeit bedeuten. Aber davon später. Links und rechts säumen breite Schilfstreifen sowie undurchdringliches Gebüsch und Wald das Ufer.

Diese Verbindung zum Babcock Lake ist 1,2 km lang und bringt etwas Neues in den Paddelalltag. Treideln ist angesagt, d.h. man muß aufgrund der geringen Tiefe des Creek das Kanu an einem Seil hinter sich herziehen, was auch heißt, daß es nasse Füsse gibt.

Es ist sinnvoll, sich bereits vor Aufbruch vom Unna Lake entsprechende Kleidung, z.B. Shorts und geeignetes Schuhwerk - vielleicht Neoprenschuhe, aber ein paar Sportschuhe, die naß werden dürfen, tun es auch -, anzuziehen. Barfuß durch den Babcock Creek zu laufen, ist nicht zu empfehlen. Das Wasser ist sehr kalt und der Untergrund sehr steinig. Hinzu kommen die Probleme beim Überqueren der Biberdämme. Auf jeden Fall ist damit zu rechnen, bis fast zu den Hüften naß zu werden.

Am Anfang kann man noch ein paar Meter paddeln, aber dann heißt es unweigerlich raus aus dem Kanu, weil es sonst auf Grund läuft.

☆☽ Unmittelbar nach der Mündung des Babcock Creek in den Cariboo River liegt auf der rechten Seite am Ufer eine Ranger Cabin.

Den ersten Biberdamm erreicht man nach wenigen Metern. Hier ist zu erkennen, wie ungeheuer fleißig diese kleinen Kerle sind. Ein Biberdamm ist ein sehr solides Bauwerk. Neben Lehm, Ästen und kleinen Baumstämmen sind sogar Steine darin verarbeitet.

Ich habe vor einigen Jahren mal einen Biberdamm untersucht. Es ist kaum zu glauben, daß Tiere imstande sind, so etwas anzulegen.

Für den Kanuten stellt der Biberdamm je nach Höhe ein mehr oder weniger großes Problem (körperliche Arbeit) dar. Es gibt keine Öffnung, durch die das Kanu gezogen werden kann. Man muß zwangsläufig das Kanu mit Sack und Pack darüber hinweghieven, wobei es empfehlenswert ist, das Kanu soweit wie möglich zu entladen. Da der Sinn eines Biberdammes darin liegt, das Wasser anzustauen, ist der Creek auf der anderen Seite des Dammes tiefer. Folglich kann wieder ein paar Meter gepaddelt werden. Aber Vorsicht ist geboten, wenn man vom Biberdamm aus das Kanu wieder belädt und einsteigt.

✋ Unter keinen Umständen das Wasser des Babcock Creek unabgekocht und ungefiltert trinken. Die Gefahr, sich hier den Parasiten *Giardia lamblia* (☞ Reise-Infos von A bis Z, Gesundheit) einzufangen, ist sehr groß.

"... Während wir das Kanu durch den Babcock Creek treidelten, entdeckten wir plötzlich auf einem Baum einen mächtigen Weißkopfseeadler, der offensichtlich gerade Beute gemacht hatte. Der majestätische Vogel schaute zu uns herab, ließ sich aber ansonsten nicht durch unsere Anwesenheit bei seiner Mahlzeit stören ..."

Drei bis fünf Biberdämme waren in den letzten Jahren im Babcock Creek zu überwinden.

Je nachdem, wie aktiv die Biber sind, ändert sich diese Anzahl von Jahr zu Jahr. Über einen sehr großen Damm hatten die Park Ranger zur leichteren Überwindung für die Kanuten eine Art Rampe gebaut. Dieser Damm war aber bei meiner letzten Befahrung im Herbst 1996 nicht mehr vorhanden. Dafür gab es mehrere neue kleine Dämme.

Sie kosten ein wenig Mühe, diese Biberdämme, aber das Treideln durch den Babcock Creek macht Spaß und ist recht spannend. Besonders im Frühjahr lassen sich hier einige Wasservogelarten gut beobachten. Mit etwas Glück ist auch der scheue Kingfisher, ein Verwandter unseres Eisvogels, zu sehen.

Da die Biber nachtaktive Tiere sind und erst am Abend ihre Burgen verlassen, um ihrer Arbeit nachzugehen, wird man sie im Babcock Creek nicht oder sehr selten zu Gesicht bekommen.

Dort, wo der Babcock Creek aus dem Babcock Lake fließt, ist das Wasser wieder tiefer und es kann wieder gepaddelt werden. Wer während der Treidelstrecke arg naß geworden ist, für den besteht die Möglichkeit, sich entweder auf einer der Sandbänke am Ufer des Babcock Creek kurz vor dem Babcock Lake oder auf dem Campsite Nr. 43, der direkt am Anfang des Babcock Lake am linken Ufer angelegt ist, trockene Kleidung anzuziehen.

Babcock Lake - Skoi Lake Portage - Skoi Lake - Skoi Lake - Spectacle Lake Portage (1,6 km)

Der Babcock Lake ist 2,8 km lang und liegt in einem Talkessel umgeben von bewaldeten Höhen. Paddelt man aus dem Babcock Creek heraus auf den See, so sieht man ein paar hundert Meter vor sich eine schilfbewachsene Halbinsel. Der See ist dort sehr flach, und es empfiehlt sich, äußerst rechts um diese Halbinsel herumzufahren.

"... Wir hatten den Babcock Creek verlassen und paddelten die ersten Meter auf dem Babcock Lake. Es war herrlichstes Wetter. Die Sonne schien vom azurblauen, wolkenlosen Himmel. Vor uns auf einer Halbinsel entdeckten wir plötzlich zwei

Abendstimmung am Spectacle Lake ...

... und am Unna Lake

Elchbullen, die im seichten Wasser standen und die dicht unter der Wasseroberfläche wachsenden Sumpfpflanzen ästen.

Langsam und vorsichtig paddelten wir näher, bis wir auf etwa zwanzig Meter an die Tiere herangekommen waren. Unsere Anwesenheit und das Klicken der Kameras störten die Elche nicht. Sie hoben nur kurz den Kopf, schauten in unsere Richtung und ästen dann weiter. Offenbar spürten sie, daß von uns keine Gefahr ausging.

Was für ein Erlebnis! Wir verhielten uns ganz still und beobachteten die urigen Tiere einige Zeit ..."

Am nordwestlichen Ufer des Babcock Lake beginnt die Portage zum **Skoi Lake**. Diese Portage ist nur 400 m lang und bedeutet keinerlei Schwierigkeiten und Mühe. Sie führt auf ebener Strecke schnurgerade durch den Wald und endet am Ufer des Skoi Lake, dem kleinsten See der Bowron-Lake-Seenkette. Der Name "Skoi" kommt aus der Sprache der Takuli-Indianer, die früher hier in dieser Gegend lebten, und bedeutet soviel wie "klein".

Ein schmaler, nicht sehr tiefer Kanal führt vom Ende der Portage durch eine Sumpflandschaft direkt in diesen romantischen See, der nur 800 m lang ist.

Genau am gegenüberliegenden, d.h. nordwestlichen Ufer des Skoi Lake ist der Anfang der nächsten Portage, die den Skoi Lake mit dem Spectacle Lake verbindet. Mit einer Länge von 400 m und in ihrer Beschaffenheit ähnelt sie der Portage zwischen Babcock Lake und Skoi Lake. Auch sie ist schnell und problemlos zu bewältigen, sieht man einmal davon ab, daß hier zum zweiten Mal nach einer Paddelstrecke von nur 800 m das Kanu aus dem Wasser gezogen, entladen, auf die Kanuwagen geschnallt, mit allem Gepäck portagiert und schließlich wieder ins Wasser gelassen und beladen werden muß.

Die Portage endet am südöstlichen Ufer des Spectacle Lake. Auf der rechten Seite, direkt neben dem Portagenende, liegt der Campsite Nr. 44, ein großer Campsite mit sechs bis acht Abstellflächen. Von hier aus hat man einen herrlichen Blick über den Spectacle Lake.

Spectacle Lake - Swan Lake - Bowron River (12,8 km)

Der Spectacle Lake und der Swan Lake sind zwei zusammenhängende Seen im Bowron-Lake-Seensystem mit einer Länge von 12,4 km.

Endlich kann man das Paddel mal wieder über eine längere Strecke richtig durchziehen, ohne daß eine weitere Portage zu bewältigen wäre. Die beiden kurzen Portagen zwischen Babcock Lake und Skoi Lake bzw. Skoi Lake und Spectacle Lake sind die letzten auf der Bowron-Lake-Kanuroute.

Vom Kanu aus bietet sich dem Auge ein großartiges Panorama über einen großen Teil des Spectacle Lake und der nach allen Seiten weit offenen Landschaft.

Es wäre schade, den See in einer Etappe zu durchpaddeln, denn an seinen Ufern liegen einige sehr schöne Campsites, die zum Rasten wirklich einladen.

Ein großer Teil beider Ufer des Spectacle Lake ist Sandstrand. Das Wasser des Sees ist relativ warm und lädt bis spät in den Herbst hinein zum Baden ein.

▲ Nach knapp 3 km Paddelstrecke ragen links und rechts zwei schmale Landzungen in den Spectacle Lake. Genau auf der Spitze der rechten Landzunge ist unter hohen Bäumen der Campsite Nr. 45 mit drei bis fünf Abstellflächen angelegt. Vom Panorama her ist es meiner Meinung nach der schönste Campsite auf dieser Tour.

Das Wasser ist zwischen den beiden Landzungen sehr flach, und es ist erforderlich, sich mit dem Kanu genau in der Mitte zu halten, will man vermeiden, auf Grund zu laufen, was ein paar Meter treideln bedeuten würde.

Nach dieser Stelle ist geradeaus in 5 km Entfernung das westliche Ufer des Spectacle Lake zu sehen. Man hat den Eindruck, daß der See dort zu Ende ist, was aber ein Trugschluß ist, wie ein Blick auf die Streckenkarte bestätigen wird.

Der Spectacle Lake macht hier am sogenannten "Pat Point" einen scharfen Rechtsknick um eine breite Landzunge herum. Dadurch umschließt das Westufer des Sees eine große Bucht, die meistens im Windschatten liegt.

⅄✗⊡ Am Ufer dieser Bucht sind die Campsites Nr. 47, ein Gruppen-Campsite, und Campsite Nr. 48 (FS), ein großer Campsite mit sechs bis acht Abstellflächen und einer Shelter, angelegt. Zusätzlich befindet sich hier noch eine recht komfortable Cabin, die nach meinen Informationen früher einem Angler- und Jägerclub gehörte.

Der Campsite Nr. 46, ebenfalls ein Gruppen-Campsite, befindet sich gegenüber am rechten Ufer auf der bereits erwähnten breiten Landzunge.

✩✆ Um diese Landzunge herum, am nordöstlichen Ufer, steht auch wieder eine Cabin der Park Ranger mit einem *Emergency Telephone.*

Wer auf dem Gruppen-Campsite Nr. 47 sein Zelt aufschlagen will, der muß seine Ausrüstung über eine kleine Brücke tragen, die über eine sehr schöne Lagune führt. Diese Lagune liegt umgeben von einem breiten Schilfgürtel direkt anschließend am schmalen, sandigen nordwestlichen Ufer des Spectacle Lake. In den Sommermonaten ist die Lagune großflächig mit schönen Seerosen bedeckt, und während meiner ersten Tour entdeckten meine Begleiter und ich hier das Nest eines *Loon* - eines Eistauchers.

"... Henry suchte mit dem Femglas das Ufer der Lagune ab. Auf einer kleinen schilfbewachsenen Halbinsel entdeckte er den Loon, der tiefgeduckt auf seinem Nest saß. Langsam und vorsichtig schlichen wir an das Nest heran, um ein paar Fotos zu schießen. Der schöne Vogel bemerkte uns aber, verließ das Nest und vollführte einen wahrhaften Tanz auf dem Wasser und ließ immer wieder aufgeregt sein "Lachen" ertönen.

Wir schauten uns kurz das Nest an, in dem zwei große grüne Eier lagen und entfernten uns rasch wieder. Kurze Zeit später kehrte der Loon beruhigt zu seinem Nest zurück, um das Brutgeschäft fortzusetzen ..."

Der Campsite Nr. 47 ist direkt neben der Lagune angelegt. So idyllisch diese Lage auch ist, einen Nachteil hat sie: Im Sommer fallen hier die Moskitos in Scharen über einen her.

Aber nicht nur diese nervenden Insekten gibt es hier. Man kann wunderschöne Schmetterlinge wie den getigerten Schwalbenschwanz beobachten, der in feuchten Gebieten, wie hier um die Lagune herum, daheim ist.

Vom Ufer des Spectacle Lake - in Höhe der Brücke, die über die Lagune führt - ist der Blick frei über den See auf die weit entfernten Gebirgszüge im Südosten.

Besonders bei Sonnenuntergang, wenn die Berge von der Sonne angestrahlt werden, ist dieses Panorama sehr stimmungsvoll.

Vom Campsite Nr. 48 aus, dort wo die Cabin steht, ist vom Ufer aus im Westen ein sehr markanter bewaldeter Berggipfel zu sehen. Es ist der **Sugar Loaf Mountain**, der am Bowron Lake liegt und schon hier das nahende Ende der Bowron-Lake-Kanutour ankündigt.

Die weitere Paddelstrecke von "Pat Point" aus führt noch 4 km über den Spectacle Lake, der dann übergangslos in den Swan Lake mündet.

Während am rechten Uferstreifen hier am Spectacle Lake dichter Wald wächst, ist das linke Ufer ein reines Sumpfgebiet, nur spärlich mit Bäumen bewachsen.

In diesem Sumpfgebiet halten sich gerne die Elche auf. Sieben Tiere konnte ich einmal innerhalb einer Paddelstrecke von einem Kilometer hier beobachten.

Kurz bevor der Spectacle Lake in den Swan Lake übergeht, liegen zunächst drei kleine Inseln, gefolgt von einer größeren - **Pavich Island** - auf der Strecke.

An der linken Uferseite, genau gegenüber der südlich gelegenen Spitze von Pavich Island, ist der Campsite Nr. 49 mit drei bis fünf Abstellflächen angelegt.

Der **Swan Lake**, der einmal "Angel's Lake" hieß, ist nicht sehr tief. Vom Kanu aus sind unterhalb des Wasserspiegels große Flächen von Wasserpflanzen zu erkennen.

Es ist sehr reizvoll, frühmorgens, wenn noch dichter Nebel über dem Wasser liegt, auf dem Swan Lake zu paddeln. Dann tauchen plötzlich geisterhaft aus dem Nichts die Silhouetten der kleinen Inseln und von Pavich Island vor einem auf.

Die kleinen Inseln sind nur mit wenigen, teilweise abgestorbenen Bäumen bewachsen, was der Szenerie etwas Unheimliches verleiht.

Übrigens ist es möglich, an beiden Seiten der Inseln vorbeizupaddeln.

Im weiteren Verlauf des Swan Lake liegen an der linken Uferseite der Campsite Nr. 52 mit drei bis fünf Abstellflächen und an der rechten Uferseite der Campsite Nr. 50, ein großer Campsite mit sechs bis acht Abstellflächen.

Den Campsite Nr. 52 habe ich noch von meinem ersten Besuch des Bowron Lake Provincial Park im Jahre 1986 in guter Erinnerung. Wir erlebten hier einen tollen Sonnenuntergang, und etwa 50 m von unserem Lager hielt sich eine Elchkuh mit ihrem Kalb direkt in Ufernähe auf.

Am nördlichen Ende des Swan Lake ragt eine große Landzunge in den See. Die Spitze dieser Landzunge ist von den beiden Campsites Nr. 50 und 52 zu sehen.

Die beiden Kanäle recht und links dieser Landzunge sind die Verbindungen zum Bowron River.

Es ist einfacher, durch den linken, also den westlichen Kanal in den Bowron River zu gelangen.

Paddelt man ein paar Meter in diesen Kanal hinein, liegt an der rechten, dicht bewaldeten Uferseite der Campsite Nr. 51 mit drei bis fünf Abstellflächen.

Landschaftlich ähnelt diese Paddelstrecke übrigens dem Cariboo River zwischen Sandy Lake und Babcock Creek.

Am Ende des Kanals wird die Landschaft sumpfig. Hohes Schilfgras scheint den Weg zum Bowron River zu versperren, aber ein schmaler, mit Pfählen, die an der Spitze rot gefärbt sind, markierter schmaler Wasserweg führt direkt in den Fluß.

Auf diesem Weg ist an der rechten Uferseite der Campsite Nr. 54 zu erkennen, der aber einfacher über den Bowron River zu erreichen ist (☞ nächstes Kapitel).

Nach etwa 200 m Paddelstrecke durch diesen schmalen Strom, der durch das Sumpfgebiet mäandert, erreicht man die Mündung in den **Bowron River**.

Eine Hinweistafel zeigt den weiteren Weg an. Nach links, stromabwärts, führt der Weg in den Bowron Lake, den letzten See auf der Tour, nach rechts, stromaufwärts, zum **upper Bowron River** - zum oberen Bowron River.

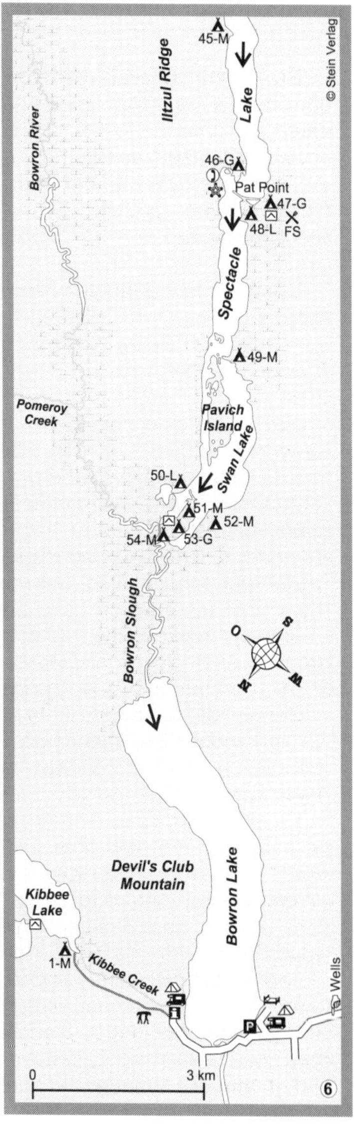

Bowron River - Bowron Lake (11,2 km)

Der Bowron River entspringt im Osten des Bowron Lake Provincial Park, und zwar oberhalb des Isaac Lake genau gegenüber vom Campsite Nr. 23.

Durch die Täler der **Tediko Peaks** und der **Mowdish Range** fließt er zunächst in westlicher Richtung.

Etwa 5 km von **Pat Point** am Spectacle Lake entfernt, macht der Bowron River dann einen Schwenk nach Nordwesten.

Kurz nachdem wenige Kilometer weiter der **Huckey Creek** in den Bowron River mündet, befindet sich der sogenannte "Head Of Navigation". Das ist der Punkt, bis zu dem der Bowron River von Nordwesten her stromaufwärts mit dem Kanu zu befahren ist.

Nach der Mündung des **Pomeroy Creek** erreicht der Bowron River eine mehrere Quadratkilometer große Sumpflandschaft, durch die er in vielen Schleifen mäandert, bevor er dann in den Bowron Lake mündet.

Zu Tausenden ziehen im frühen Herbst die Lachse den Bowron River hinauf zu den Stätten ihrer Geburt, um zu laichen und anschließend zu sterben.

Zwei Lachsarten kommen im Bowron River bzw. Bowron Lake vor: Der *Sockeye* - oder Blaurücken-Lachs - und der *Chinook* - auch Königslachs genannt.

Auf dem langen Weg, der vom Pazifik aus durch den Fraser River und den Bowron Lake bis hinauf zu ihren Laichgründen im oberen Bowron River führt, nehmen die Lachse keine Nahrung zu sich. Wenn sie im Laichgebiet ankommen, sind sie ausgezehrt und der Zersetzungsprozeß hat bereits begonnen.

Schon bald nach dem Ablaichen sterben die Fische.

Die Stärke eines jährlichen Lachszuges - dem *Salmon run,* wie die Kanadier es nennen - ist zyklusbedingt. Alle vier Jahre hat er seinen Höhepunkt.

Es ist immer noch nicht hundertprozentig erwiesen, wie die Lachse über die gewaltige Entfernung von oft mehreren tausend Kilometern und über Hunderte von Flußsystemen zu ihrem Geburtsort zurückfinden. Es wird aber vermutet, daß sie dem Geruch des Wassers folgen, der für jedes Flußsystem typisch ist.

Jedes Lachsweibchen legt etwa 4.000 Eier ab, die anschließend vom Männchen befruchtet werden.

Nachdem die jungen Lachse geschlüpft sind, bleiben sie etwa zwei Jahre im Süßwasser, bevor sie sich auf die lange und gefahrvolle Wanderung zum Pazifik machen.

Durchschnittlich vier Jahre leben sie im Pazifik, um dann wieder die Flußsysteme hinauf zu ihrem Geburtsort zu schwimmen.

Man hat herausgefunden, daß von viertausend geborenen Lachsen etwa ein Prozent im Pazifik ankommt. Davon wiederum erreicht ein Prozent nach Aufenthalt im Pazifik wieder den Geburtsort in den jeweiligen Flußsystemen.

Der Lachs ist für die Kanadier das Gold von heute. Es gibt Organisationen zur Erhaltung der Lachse, die weder Kosten noch Mühen scheuen, daß dieser schmackhafte Fisch nicht irgendwann ausstirbt, so wie es bei uns in Europa überwiegend der Fall ist.

Auch in Kanada werden Flüsse angestaut. Staumauern stellen für die Lachse ein unüberwindbares Hindernis dar; sie können ihre Laichgebiete nicht mehr erreichen. Und die Umweltverschmutzung durch die Industrie schreitet auch in Kanada fort.

Der Aufwand, den die Kanadier zur Erhaltung dieser Fischart betreiben, ist begrüßenswert und scheint Erfolg zu haben.

Sobald die Lachse im Laichgebiet des oberen Bowron River eintreffen, ist der Tisch für die Bären und Adler dort reichlich gedeckt. Zu Dutzenden stellen sich Grizzlies und Schwarzbären am Ufer und auf den Sandbänken des Bowron River ein, um sich an den vorbeiziehenden Lachsen gütlich zu tun.

Die Adler sitzen in großer Zahl auf den Bäumen und lauern ebenfalls auf ihren Anteil.

Zum Schutz der Bären und zum Schutz des Menschen ist der obere Teil des Bowron River ab dem 1. August eines jeden Jahres für Kanufahrer gesperrt.

Zusammen mit meiner Frau Monika paddelte ich einmal nach Ende des Lachszuges im Spätherbst auf dem upper Bowron River. Nachdem meine Frau und ich auf den Sandbänken eine große Anzahl von einigen erschreckend großen Bärenspuren entdeckten, trat meine Frau in den Paddelstreik. Sie war nicht mehr dazu zu bewegen, noch weiter stromaufwärts zu paddeln.

Wer sich zum Zeitpunkt des Lachszuges am Bowron Lake bzw. Bowron River befindet, erlebt dieses beeindruckende Naturschauspiel hautnah mit.

Allerdings verbreiten die Kadaver der abgestorbenen Lachse, die ans Ufer getrieben wurden, einen bestialischen Gestank, der nichts für empfindliche Nasen ist.

Demjenigen, der während der Kanutour angelt und das Glück hat, einen Lachs an den Haken zu bekommen - sie jagen nur aus einem Reflex heraus hinter dem Köder her -, möchte ich sagen, daß erstens der Lachs aufgrund des bereits eingetretenen Zersetzungsprozesses nicht mehr viel zum Verzehr taugt, und es zweitens nicht erlaubt ist, hier am Bowron River Lachse zu fischen. Ein gefangener Lachs muß zurückgesetzt werden.

Dort, wo der Wegweiser am Bowron River die Richtung zum **Bowron Lake** bzw. zum **upper Bowron River** anzeigt, sollte man sich entscheiden, ob man die Tour an diesem Tag beenden will - in diesem Fall ist die linke Möglichkeit zum Bowron Lake zu wählen -, oder ob man noch eine Nacht auf einem der am Bowron River liegenden zwei Campsites verbringen will. Dann ist die rechte Möglichkeit zu nutzen, was bedeutet, daß der Bowron River stromaufwärts gepaddelt werden muß. Dies stellt aber überhaupt kein Problem dar, da die Strömung sehr schwach ist.

Ich empfehle die letzte der beiden Möglichkeiten, weil sie Gelegenheit bietet, diese einzigartige Sumpflandschaft am Bowron River zu erleben.

Im Frühjahr haben unzählige Arten von Wasservögeln hier ihre Nistplätze. Die Vielfalt der Vogelstimmen ist faszinierend. Das ganze Jahr über sind die Chancen, Weißkopfseeadler, Fischadler, Elche, Otter, Biber und den Bisam hier zu beobachten, recht groß.

Ein paar hundert Meter nur folgt man dem mäandernden Bowron River flußaufwärts, bis zwei Cabins oberhalb des rechten Ufers in Sicht kommen. Dort liegt der Campsite Nr. 53, ein Gruppen-Campsite. An drei Stellen am Ufer bietet sich die Möglichkeit anzulanden und den Campsite zu erreichen.

Die eine Cabin, etwas höher am Ufer gelegen, ist verfallen und sieht nicht sehr einladend aus, während die andere, mit

Ofen, Tisch und Stühlen sowie zwei Stockbetten ausgestattet, als recht komfortabel zu bezeichnen ist.

Ein kurzer Pfad führt oberhalb des Ufers entlang, vorbei an der verfallenen Cabin, zum Campsite Nr. 54 mit drei bis fünf Abstellflächen.

In Höhe der verfallenen Cabin, von der Abbruchkante des Ufers aus - ein primitiver Zaun soll hier vor dem Absturz in den Bowron River schützen -, hat man einen sehr schönen Blick über die Sumpflandschaft des Bowron River.

Zwischen den beiden Campsites wurde durch die Parkbehörde eine Informationstafel aufgestellt, die ausführlich auf die Anwesenheit von Bären zur Lachszeit hier am Bowron River hinweist.

Vom Campsite Nr. 54 sind es noch 4 km bis zur Mündung in den Bowron Lake. In zahlreichen Windungen schlängelt sich der Bowron River durch die Sumpflandschaft.

Viele Seitenarme führen in große und kleine Lagunen, und es entsteht der Eindruck, durch einen mit dichtem Schilf bewachsenen Irrgarten zu paddeln. Tatsächlich besteht hier die Gefahr, sich zu verirren. Der Hauptarm des Bowron River ist deshalb auf dem Weg zum Bowron Lake mit den schon bekannten, an den Spitzen rot gefärbten Pfählen markiert.

Ein Abstecher vom Hauptstrom des Bowron River in die Nebenarme und in die Lagunen dieser einzigartigen Sumpflandschaft ist interessant, aber eine genaue Orientierung ist wichtig, um in den Bowron River zurückzufinden.

Wer den Bowron River in den frühen Morgenstunden paddelt, erlebt eine faszinierende Welt.

Weißkopfseeadler und Fischadler befinden sich dann auf Beutezug, der Biber ist noch unterwegs, Otter tummeln sich verspielt im ersten Sonnenlicht, und auch die Elche sind noch nicht wieder in das schützende Dickicht zurückgekehrt, sondern äsen noch in der Sumpflandschaft.

Viele Wasservögel schwimmen ohne große Scheu um das Kanu herum.

Hat man den Bowron Lake erreicht, wecken Sportfischer mit ihren Motorbooten in einem das Bewußtsein, daß die Zivilisation wieder näherrückt. Der Bowron Lake ist der einzige See, auf dem Motorboote zugelassen sind.

7,2 km sind es noch von der Mündung des Bowron River in den Bowron Lake, bis das Ende der Kanutour erreicht ist.

Am linken Ufer des Bowron Lake erhebt sich der schon erwähnte **Sugar Loaf Mountain**.

Im Vordergrund am rechten Ufer ist der **Devil's Club Mountain** zu sehen. Die ideale Paddelstrecke über den Bowron Lake führt am Fuße dieses Berges vorbei. Nur hier an dieser Uferseite gibt es ein paar Möglichkeiten anzulanden und zu rasten.

Schon von hier aus sind am westlichen Ufer des Sees einige Blockhäuser zu sehen, die privates Eigentum sind.

Dem rechten Ufer um den Devil's Club Mountain herum folgend, erreicht man das nördliche Ende des Bowron Lake. Hier befindet sich ein großer Anlegesteg, der durch die Parkbehörden errichtet wurde. Wer sich mit seinem eigenen Kanu auf der Tour befindet, sollte hier anlegen. Ein schmaler Pfad führt von hier aus das Ufer hinauf zu dem Parkplatz unterhalb des Registration Centre.

"... Am frühen Nachmittag des siebten Tages nach unserem Aufbruch machten wir mit unserem Kanu an der Anlegestelle am Ufer des Bowron Lake unterhalb der Park Ranger Station fest. Ein Regenschauer zog über uns hinweg. Ein letztes Mal blickten wir zurück über den Bowron Lake, bevor wir uns in der Park Ranger Station zurückmeldeten. Sieben wundervolle Tage lagen hinter uns. Sieben Tage in Einklang mit der Natur. Eine andere, uns bis dahin unbekannte Welt mit eigenen Gesetzen hatten wir kennengelernt und uns angepaßt. Das Wetter hatte zwar nicht immer mitgespielt: wir waren naß geworden, hatten auf den Portagen und beim Treideln der Kanus schon mal vor Anstrengung gestöhnt, wurden aber dafür durch unvergeßliche Eindrücke belohnt ..."

aus: Wolfgang Winterhoff: *Kanuabenteuer Bowron Lakes, B.C.*, Canada Journal, Mai/Juni 1995, S. 42 ff.

Wer sich Kanu und Ausrüstung von einem Outfitter geliehen hat, der sollte am nordwestlichen Ufer unterhalb der **Becker's Lodge** die Tour beenden.

Die Lodge hat hier einen großen Anlegeplatz mit Ablagemöglichkeiten für Kanus geschaffen. Außerdem ist diese Stelle am Ufer des Bowron Lake mit dem Auto erreichbar. So besteht die Möglichkeit, seine persönliche Ausrüstung direkt vom Kanu aus in das Fahrzeug zu laden.

Als letztes bleibt dann nur noch die Abmeldung in der Park Ranger Station, die auch nicht vergessen werden darf.

Die Westseite

Wer nicht genügend Zeit hat, weil er sich vielleicht auf einer Rundreise durch British Columbia befindet, oder wer sich nicht in der Lage fühlt, die gesamte Tour über die Bowron-Lake-Seenkette zu unternehmen, dem bietet sich trotzdem eine Gelegenheit - wenn auch eingeschränkt -, an dem einmaligen Naturerlebnis Bowron Lakes teilzuhaben: Über die Seen der Westseite des Bowron Lake Provincial Park lassen sich ein- bis fünftägige Touren durchführen.

Es ist möglich, auf diesem Weg bis zum Unna Lake zu gelangen (☞ Übersichtskarte sowie Streckenkarten ❺ und ❻).

Nachfolgend möchte ich ein paar Anregungen geben, wie man ein- bis mehrtägige Touren über diese Westseite gestalten kann.

Die Touren sind zeitlich so abgestimmt, daß sie kein Paddelstreß bedeuten und genügend Zeit bleibt, um die herrliche Landschaft des Bowron Lake Provincial Park zu erleben.

Sollten unterwegs widrige Wetterverhältnisse auftreten, besteht immer die Möglichkeit, einen der zahlreichen Campsites auf diesem Teilstück der Bowron-Lake-Seenkette anzufahren.

Außer bei einer Ein-Tages-Tour ist auch hier bei mehrtägigen Touren eine Reservierung bei den Parkbehörden durchzuführen. Ansonsten muß man gerade in der Hochsaison mit Wartezeiten rechnen.

Auch auf diesen Touren sollte eine Streckenkarte mitgeführt werden. Sie ist im Registration Centre erhältlich.

Ein-Tages-Tour

Wie lange diese Tour dauert, kann jeder selbst entscheiden. Wenn sie so wie beschrieben durchgeführt wird, dauert sie etwa acht Stunden.

Man fährt über den Bowron Lake bis zur Mündung des Bowron River: Die Mündung ist am Ende des Bowron Lake auf der rechten Seite. Dort befinden sich die Hinweistafeln, daß Motorboote ab hier nicht mehr fahren dürfen. Ideal ist es, über einen schmalen Durchlaß auf der linken Seite am Ende des Sees in das Sumpfgebiet zu paddeln.

Ist das Sumpfgebiet mit seinen Lagunen und Kanälen erreicht, sind im Vordergrund einige Inseln bzw. Halbinseln zu erkennen. Es macht Spaß, auf einer dieser Inseln zu picknicken.

Man findet immer eine Möglichkeit, durch das dichte Schilf das Ufer einer solchen Insel zu erreichen. Vom höchsten Punkt aus bietet sich ein schöner Blick über die ganze Sumpflandschaft.

Der weitere Weg kann durch die Kanäle und Lagunen zum Bowron River führen - eine genaue Orientierung nach rechts, also nach Südwesten, ist wichtig -, oder man fährt in den Bowron Lake zurück und von dort aus direkt zur Mündung des Bowron River.

Nach etwa 6 km den Bowron River stromaufwärts, vorbei an den beiden Cabins und dem Campsite Nr. 54, ist das ab dem 1. August eines jeden Jahres gesperrte Gebiet des **upper Bowron River** erreicht. Eine Hinweistafel warnt vor der Weiterfahrt.

Wer im Frühjahr hier paddelt, kann natürlich, wenn noch Zeit dazu ist, weiter stromaufwärts fahren. Die Landschaft ist sehr schön, und man begegnet dort sehr wenigen anderen Kanuten.

Die Rückfahrt führt dann wieder den Bowron River stromabwärts über den Bowron Lake zurück zum Ausgangspunkt.

Zwei-Tages-Tour mit einer Übernachtung

Diese Tour führt über den Bowron Lake in den Bowron River zunächst bis zu der Stelle, wo der Wegweiser zum upper Bowron River bzw. Bowron Lake steht. Dort biegt man nach rechts in den schmalen Kanal ein, der den Swan Lake bzw. Spectacle Lake mit dem Bowron River verbindet.

Als Übernachtungsmöglichkeit bietet sich der Campsite Nr. 48 bei "Pat Point" am Spectacle Lake an.

Die Fahrzeit vom Ausgangspunkt Bowron Lake bis zu diesem Campsite beträgt etwa 4½ Stunden.

Alternativ liegen noch die Campsites am Bowron River sowie die Campsites Nr. 49, 50, 51 und 52 auf dieser Strecke.

Am nächsten Tag paddelt man den gleichen Weg wieder zum Ausgangspunkt zurück.

Drei-Tages-Tour mit zwei Übernachtungen

Zunächst wie die Zwei-Tages-Tour. Die zweite Übernachtung ist dann auf einem der Campsites am Bowron River.

Von dort aus besteht die Möglichkeit, auf dem upper Bowron River zu paddeln.

☝ Ab dem 1. August an das Sperrgebiet denken und die Hinweise der Parkverwaltung beachten!

Vier-Tages-Tour mit drei Übernachtungen

Zunächst paddelt man über den Bowron Lake und den Bowron River bis zum Spectacle Lake und übernachtet dort auf dem Campsite Nr. 48 am "Pat Point".

Am nächsten Tag wartet dann am südlichen Ende des Spectacle Lake die kurze Portage zum Skoi Lake auf den Kanuten. Diese Portage, wie auch die nach dem Skoi Lake sich anschließende Portage zum Babcock Lake, bedeutet weder Anstrengung noch einen großen Zeitaufwand.

Nach der Treidelstrecke durch den Babcock Creek folgt man dem Cariboo River 400 m flußabwärts bis zu dem schmalen schilfbewachsenen Kanal an der linken Uferseite, der in den Unna Lake führt.

☝ Hier unbedingt auf die Hinweistafeln "Waterfall ahead" - Wasserfall voraus - achten und auf keinen Fall weiter flußabwärts auf dem Cariboo River, sondern durch den Kanal in den Unna Lake fahren.

Die Strecke vom Campsite Nr. 48 am Spectacle Lake bis zum Unna Lake ist locker in fünf Stunden zu bewältigen. Wer früh am Spectacle Lake aufgebrochen ist, hat noch genügend Zeit, am selben Tag die Cariboo-Wasserfälle am Unna Lake zu besichtigen.

Am dritten Tag tritt man wieder den Rückweg an und übernachtet unterwegs noch einmal auf einem der Campsites am Spectacle Lake.

Am vierten Tag Rückkehr zum Ausgangspunkt.

Fünf-Tages-Tour mit vier Übernachtungen

Wie die Vier-Tages-Tour, jedoch wahlweise mit einer zweiten Übernachtung am Unna Lake oder einer Übernachtung auf einem der Campsites am Bowron River.

☺ Aktualisierungen zu diesem OutdoorHandbuch *Bowron Lakes* und anderen Büchern finden Sie in der Homepage des Conrad Stein Verlags im Internet:

http://home.t-online.de/home/SteinVerlag

Nachwort

Wenn Sie jetzt, nachdem Sie dieses Buch gelesen haben, Lust auf die Bowron Lakes bekommen haben, möchte ich Ihnen noch einige Tips und Ratschläge mit auf den Weg geben.

Nehmen Sie sich vor allen Dingen Zeit für diese herrliche Wildnistour. Es ist möglich, in fünf bis sechs Tagen über die Bowron Lakes zu paddeln. Dann können Sie anschließend sagen, Sie haben die Tour gemacht, aber das eigentliche Naturerlebnis ist mit Sicherheit im Eiltempo an Ihnen vorübergezogen.

Planen Sie acht bis zehn Tage für die Tour ein. Sie werden unterwegs an so vielen schönen Orten sein, wo es sich lohnt zu verweilen, mal nicht zu paddeln, sondern die Natur vielleicht während einer kleinen Wanderung vom Land aus zu genießen. So zum Beispiel am Unna Lake, wo ein Ausflug zu den Cariboo-Wasserfällen einfach ein Muß ist. Nehmen Sie sich ein Lunchpaket mit, verbringen Sie ein paar Stunden an diesem spektakulären Naturschauspiel. Es lohnt sich, glauben Sie es mir.

Ich bin geführten Gruppen begegnet, die abends am Unna Lake eintrafen, dort übernachteten und am anderen Morgen die Cariboo-Wasserfälle eben mal während eines kurzen Besuchs "abhakten" und dann ihre Tour fortsetzten.

Intensiv kann man die Natur des Bowron Lake Provincial Park so auf jeden Fall nicht erleben.

Denken Sie bei Ihrer Planung für eine Kanutour auf den Bowron Lakes neben dem Zeitfaktor auch an die richtige Ausrüstung und Kleidung. Während meiner Tour im September 1996, die ich zusammen mit sechs anderen Outdoor-Freaks unternahm, erlebte ich die Bowron Lakes von einer mir bis dahin nicht bekannten Seite. Extreme Wetterverhältnisse machten uns an einigen Tagen schwer zu schaffen. Regen, Hagel, Schneeschauer und vor allen Dingen heftiger Wind, der uns zu allem Übel auch noch ins Gesicht blies, ließen uns zu keinem Zeitpunkt vergessen, daß wir uns in der freien und unberechenbaren Natur befanden.

Sollten Sie während Ihrer Tour auf den Bowron Lake das Pech haben, daß Sie ein mehrtägiger Dauerregen erwischt, versuchen Sie, der Tour trotzdem etwas Positives abzugewinnen. Lassen Sie sich Ihre gute Laune nicht vermiesen.

Natürlich nagt so ein Dauerregen an der Psyche, aber stellen Sie sich vorher auf solche Bedingungen ein. Mit der richtigen Kleidung und Ausrüstung haben Sie in einer solchen Situation schon halb gewonnen. So gehört ein Tarp - eine große Plane, die über den Lagerplatz gespannt wird - nach meiner Meinung auf einer Kanutour, wo es nicht auf jedes Gramm Gewicht ankommt, zur unverzichtbaren Ausrüstung.

Mit einem Tarp im Gepäck können Sie sich bei Regen außerhalb Ihres Zeltes im Trockenen bewegen. Zur Essenzubereitung ist dies z.B. sehr wichtig.

Der Bowron Lake Provincial Park ist ein Teil einer noch erhaltenen, aber sehr empfindlichen Wildnis. Tragen Sie Ihren Teil dazu bei, daß diese Wildnis erhalten bleibt. Verlassen Sie den Park so, wie Sie ihn vorgefunden haben, damit auch die Besucher nach Ihnen sich daran erfreuen können.

Seien Sie extrem vorsichtig mit Lagerfeuern. Ein Waldbrand hat unübersehbare Folgen. Schlagen Sie Ihr Lager nie außerhalb der in der Streckenkarte eingezeichneten Campsites auf.

Mit großer Wahrscheinlichkeit werden Sie auf Ihrer Bowron-Lake-Kanutour wilde Tiere sehen. Stellen Sie dem Wild nicht nach. Besonders nicht den Bären. Das könnte für Sie unangenehme Folgen haben. Erfreuen Sie sich am Anblick der Tiere, aber lassen Sie sie in Ruhe.

Falls Sie in einer Gruppe mit mehreren Kanus unterwegs sind, richten Sie sich fairerweise mit Ihrer Geschwindigkeit nach dem langsamsten Kanu in der Gruppe. Dies dient nicht zuletzt auch der Sicherheit.

Zum Schluß noch ein Rat zu Ihrer eigenen Sicherheit. Tragen Sie, während Sie im Kanu sitzen, die zur Ausrüstung gehörende Schwimmweste und benutzen Sie diese nicht als Sitzkissen!

Nun wünsche ich Ihnen viel Spaß auf Ihrer Kanutour. Das Naturerlebnis Bowron Lakes wird für Sie von bleibender Erinnerung sein. Da bin ich mir sicher. Vielleicht begegnen wir uns mal auf den Bowron Lakes. Ich würde mich freuen.

Index

Lieber Leser, liebe Leserin,

wir vom Conrad Stein Verlag möchten Sie näher kennenlernen, damit wir unsere Bücher noch weiter verbessern und uns auf Ihre Bedürfnisse und Wünsche einstellen können. Bitte helfen Sie uns dabei und beantworten Sie die folgenden Fragen.

❶ *Wie alt sind Sie?* ☐ unter 20 ☐ zwischen 21 und 29 ☐ zwischen 30 und 39 ☐ über 40

❷ *Reisen Sie meist* ☐ allein ☐ zu zweit ☐ mit der Familie ☐ als Gruppe?

❸ *Mit welchen unserer Reise- und/oder OutdoorHandbücher sind Sie gereist? (Titel, Aufl., Jahr auf S. 2)*

1 .... 2 .... 3 ....

❹ *Waren Sie zufrieden mit dem Buch/den Büchern?* ☐ ja ☐ so lala ☐ nein

❺ *Wie fanden Sie (falls vorhanden)*	sehr gut	gut	ausreichend	nicht gut
Aufbau und Übersichtlichkeit	☐	☐	☐	☐
Aktualität Adressen, Preise, ☏ FAX	☐	☐	☐	☐
Routenbeschreibungen	☐	☐	☐	☐
Lexikon/Glossar	☐	☐	☐	☐
Inhaltsverzeichnis und Index	☐	☐	☐	☐
Abbildungen	☐	☐	☐	☐
Karten/Pläne	☐	☐	☐	☐
Schriftgröße	☐	☐	☐	☐
Piktogramme/Symbole	☐	☐	☐	☐
Kalender/Maßstabsleiste	☐	☐	☐	☐
Anzeigen	☐	☐	☐	☐
Buchformat und -gewicht	☐	☐	☐	☐
Verarbeitung, Bindung	☐	☐	☐	☐
Preis-Leistungs-Verhältnis	☐	☐	☐	☐

b.w.

✂ ....

❻ *Wie reisen Sie im Land selbst?* (Mehrfachnennung möglich)
☐ Eigenes Auto ☐ Leihwagen ☐ Wohnmobil ☐ Bahn ☐ Bus ☐ Fahrrad
☐ Flugzeug ☐ Trampen ☐ Motorrad ☐ Kanu ☐ Wandern

❼ *Wie übernachten Sie hauptsächlich?* (Mehrfachnennung möglich)
☐ Hotel/Motel ☐ Campingplatz ☐ Jugendherberge/Backpacker
☐ Bed & Breakfast / Pension ☐ Wildcampen ☐ Apartment

❽ *Würden Sie wieder eines unserer Bücher kaufen?* ☐ ja ☐ nein

❾ *Kennen Sie unsere ReiseHandbücher?* ☐ ja ☐ nein
Wie gefallen Sie Ihnen? ☐ sehr gut ☐ gut ☐ nicht so gut

❿ *Welches Thema vermissen Sie bei den OutdoorHandbüchern?* ....
Welches Land/Gebiet/Insel vermissen Sie bei den ReiseHandbüchern? ....
Wenn Sie zusätzlich Kritik oder Lob loswerden wollen, legen Sie bitte ein extra Blatt bei. Danke.

☺ Als Dankeschön für's Mitmachen verlosen wir zum Ende jeden Jahres (unter Ausschluß des Rechtsweges) unter allen Einsendern 20 wertvolle Preise.

1. Preis: ein Tagesrucksack **2. Preis**: ein Fernglas 8x40 **3. bis 5. Preis**: je ein Kompaß
6. bis 20. Preis: je eines unserer ReiseHandbücher nach Ihrer Wahl.
(Wenn Sie eines unserer Bücher gewinnen, welches wünschen Sie sich? ....)

Wichtig! Nur ausreichend frankierte Einsendungen nehmen an der Verlosung teil. Bitte vergessen Sie Ihren Absender nicht.

Name: ....

Straße: .... PLZ/Ort: ....

☞ Kreuzen Sie bitte an, ob wir Ihnen unsere Verlagsprospekte zusenden sollen ☐ ja ☐ nein